Birgit Lascho

Deutsch als Zweitsprache systematisch fördern

Training Abschlussprüfung Deutsch

Lehrplanbezogene Materialien für einen integrativen Sprachunterricht

9./10. Klasse

PERSEN

Die Autorin

Birgit Lascho arbeitet als Lehrkraft für die Fächer Deutsch, Geschichte, Sozialkunde sowie Englisch an einer hessischen Gesamtschule und sammelte umfangreiche Erfahrungen bei der Förderung von Lernenden im Bereich Deutsch als Zweitsprache.

5. Auflage 2021
© 2011 PERSEN Verlag, Hamburg

AAP Lehrerwelt GmbH
Veritaskai 3
21079 Hamburg
Telefon: +49 (0) 40325083-040
E-Mail: info@lehrerwelt.de
Geschäftsführung: Christian Glaser
USt-ID: DE 173 77 61 42
Register: AG Hamburg HRB/126335
Alle Rechte vorbehalten.

Autorin: Birgit Lascho
Covergestaltung: TSA&B Werbeagentur GmbH, Hamburg
Illustrationen: Roman Lechner, MouseDesign Medien AG, Zeven
Satz: MouseDesign Medien AG, Zeven
Druck und Bindung: Esser printSolutions GmbH, Bretten

ISBN: 978-3-8344-3017-5
www.persen.de

Inhalt

Baustein I:
Sprachlicher Ausdruck

Baustein II:
Training grammatischer Grundfertigkeiten

Inhalt

Lehrkräfte widmen sich in den Schulen und damit auch im Deutschunterricht zunehmend Lernenden mit Migrationshintergrund, die Deutsch als Zweitsprache sprechen. Obwohl die Mehrheit dieser Lernenden die Grundschule bereits durchgehend in Deutschland besucht hat, lassen sich bei vielen von ihnen noch in der Sekundarstufe I sprachliche und grammatische Probleme bei der Verwendung der deutschen Sprache feststellen.

So haben Lernende mit Deutsch als Zweitsprache (abgekürzt DaZ) oft Probleme bei der Artikelverwendung und Pluralbildung. Zu beobachten ist ebenfalls, dass sie bei Wortendungen, insbesondere von Pronomen und Adjektiven, sowie bei den daraus entstehenden Kombinationen, häufiger Fehler machen als die übrigen Lernenden. Außerdem haben Lernende mit DaZ Schwierigkeiten bei der Bildung von unregelmäßigen Verbformen, beim korrekten Gebrauch von Präpositionen sowie bei der Verwendung von Konjunktionen.

Bedingt sind diese Schwierigkeiten dadurch, dass Lernende mit DaZ die deutsche Sprache meist im Zuge eines ungesteuerten Spracherwerbs, d. h. in der Alltagskommunikation ohne Systematik, erworben haben. Dadurch kann ihnen die Einsicht in bestimmte grammatische Strukturen und Regularitäten der deutschen Sprache fehlen, so dass sie in diesem Bereich besonders viele Fehler machen. Weiterhin können Probleme bei der Ausdrucksfähigkeit und Sprachverwendung auftreten, insbesondere in der Schriftsprache, die sich von dem mündlichen Sprachgebrauch unterscheidet. Denn Lernende mit DaZ verfügen in bestimmten Sprachbereichen oft nur über einen begrenzten Wortschatz, weshalb ihnen das notwendige Vokabular zum präzisen Ausdruck fehlt. Zudem wissen sie vielfach nicht, in welchen sprachlichen und situativen Zusammenhängen bestimmte Wörter gebraucht werden, so dass sie Sätze missverständlich formulieren.

Da Sprache als Schlüssel zur Integration anzusehen ist, hat sich eine Förderung auch noch in der Sekundarstufe I als notwendig erwiesen. Deshalb stehen die weiterführenden Schulen und deren Lehrkräfte im Zuge der Etablierung der Bildungsstandards verstärkt vor der Aufgabe, Lernende mit DaZ zu fördern. Diese sollen die Anforderungen der Bildungsstandards am Ende der Schullaufbahn erreichen können. Darauf aufbauend setzen auch die Bundesländer zunehmend auf die Förderung von Lernenden mit DaZ und geben entsprechende Fördererlasse heraus, wie zum Beispiel Hessen. Dort müssen Lehrkräfte individuelle

Förderpläne für versetzungsgefährdete Schüler und Schülerinnen verfassen und werden zur binnendifferenzierten Förderung im regulären Unterricht verpflichtet, die neben der Sprachförderung in speziellen Zusatzkursen an Bedeutung gewinnt. Zudem werden Lehrkräfte auch von Lernenden mit DaZ selbst oder deren Eltern gefragt, welche Maßnahmen diese ergreifen könnten, um die sprachliche Ausdrucksfähigkeit zu verbessern und die Anzahl der grammatischen Fehler zu verringern. Deshalb sind Lehrkräfte im Bereich „DaZ" zunehmend gefordert.

Doch leider gibt es bisher nur wenige Unterrichtsmaterialien. Die meisten Materialien sind für Lernende mit Deutsch als Fremdsprache gedacht. Diese erwerben Deutsch jedoch systematisch als Fremdsprache und nicht auf ungesteuertem Weg, so dass die Materialien für Deutsch als Fremdsprache nicht auf die Bedürfnisse von Lernenden mit DaZ zugeschnitten sind. Aus diesem Grund werden mit den folgenden Kopiervorlagen Materialien vorgelegt, die auf die Sprachförderung von Lernenden mit DaZ ausgerichtet sind und sich dabei zielgerichtet an den Inhalten des regulären Deutschunterrichts orientieren.

Denn bei mir beschweren sich immer wieder Lernende mit DaZ, dass der zusätzliche, in der Schule erteilte Förderunterricht für sie nicht sinnvoll ist, weil die dortigen Unterrichtsinhalte nichts mit dem regulären Unterricht zu tun hätten. Insofern kann die Ausrichtung von Fördermaterialien auf den regulären Deutschunterricht den Lernen-

Birgit Lascho: Training Abschlussprüfung Deutsch
© Persen Verlag

den den Sinn für die Teilnahme am Förderunterricht einsichtiger machen und ermöglicht darüber hinaus auch der Lehrkraft eine binnendifferenzierte Förderung im regulären Deutschunterricht.

Wie die bereits erschienenen Titel für die Jahrgangsstufen 5 und 6 sowie 7 und 8 sind diese Kopiervorlagen für die Jahrgangsstufen 9 und 10 also sowohl zum Einsatz im Förderunterricht als auch zur Verwendung im regulären Unterricht gedacht. Dort können sie im Rahmen der Binnendifferenzierung als zusätzliches Sprachfördermaterial eingesetzt werden. Dies kann in Freiarbeitsphasen während des Unterrichts geschehen oder aber, indem die Lehrkraft die Lernenden mit DaZ entsprechende Übungsblätter zu Hause bearbeiten lässt. Dabei können die beigefügten Lösungsblätter im Anschluss zur Selbstkontrolle, zur gegenseitigen Kontrolle in Partnerarbeit oder zur Kontrolle durch Eltern oder andere Personen genutzt werden. Auf diese Weise erfährt außerdem die Lehrkraft eine Entlastung. Weiterhin lassen sich die Kopiervorlagen auch für moderne Unterrichtsformen, wie zum Beispiel dem Stationenlernen, verwenden. Den Kopiervorlagen kommt in jedem Fall eine ergänzende Funktion im Förder- oder regulären Deutschunterricht zu. Dies sei betont. Denn die angebotenen Übungen zu speziellen sprachlichen und grammatischen Schwierigkeiten von Lernenden mit DaZ sollten nicht isoliert eingesetzt, sondern im Rahmen eines integrativen Unterrichtskonzepts mit den geforderten Inhalten des regulären Deutschunterrichts verknüpft werden. Ohne handlungsorientierte Anwendung beim Schreiben entsprechender Aufsatzformen werden die einzeln erworbenen sprachlichen oder grammatischen Fähigkeiten schwerlich automatisiert und damit für den zukünftigen Sprachgebrauch der Lernenden mit DaZ nutzbar gemacht.

Um die Kopiervorlagen zur Sprachförderung flexibel einsetzbar zu machen, wurde in Hinblick auf den inhaltlichen Aufbau der Kopiervorlagen wie bereits in Band 1 für die Jahrgangsstufen 5 und 6 sowie in Band 2 für die Jahrgangsstufen 7 und 8 das vorliegende Bausteinprinzip gewählt. Dabei werden die sprachlichen Aspekte, die Lernenden mit DaZ bei bestimmten Textsorten Probleme bereiten, von den grammatischen Phänomen getrennt, die für die Lernenden mit DaZ besondere Schwierigkeiten darstellen, aber dennoch kontextbezogen trainiert. So ist es möglich, zum Beispiel das Präteritum sowohl im Zusammenhang mit dem Themenkomplex „Erzählen" als auch mit dem Themenkomplex „Berichten" zu üben. Dabei kann es den sprachlichen Übungen, deren Themenbereiche sich auf die in den Lehrplänen der Bundesländer vorgeschriebenen Lehrinhalte beziehen, vor- oder nachgeschaltet werden.

So ist es für die Lernenden mit DaZ nachvollziehbar, warum sie sich mit bestimmten grammatischen Phänomen beschäftigen sollen. Ihr systematischer Erwerb wird inzwischen als unverzichtbar zur Fehlervermeidung angesehen. Die den beiden Förderbausteinen vorangestellte Übersichtstabelle gibt den Lehrkräften Aufschluss darüber, welcher grammatische Förderschwerpunkt mit welchem sprachlichen Schwerpunkt verknüpft werden kann.

Zudem zeigt eine zweite Übersichtstabelle, welche lehrplanrelevanten grammatischen Aspekte und Inhalte, die das sprachliche Ausdrucksvermögen betreffen, bereits in Band 1 und 2 behandelt wurden. Auf diese Weise sind die Inhalte der drei Kopiervorlagenbände miteinander verzahnt, so dass die Lehrkräfte sie zum Aufbau einer sukzessiven Lernprogression verwenden können. Stellen die Lehrkräfte fest, dass den Lernenden in den Jahrgangsstufen 9 und 10 noch Basiskenntnisse aus den Jahrgangsstufen 7 und 8 oder gar 5 und 6 fehlen, können sie anhand der Übersicht feststellen, welche Materialien sie den Lernenden aus den vorherigen Bänden als weiteres unter-

stützendes Übungsmaterial an die Hand geben können. Dies bietet sich vor allem bei leistungsschwächeren Lernenden an oder bei Lernenden, die in den vorherigen Jahrgangsstufen 5 bis 8 nicht mit diesen Kopiervorlagen gefördert wurden. Denn die sprachlichen und grammatischen Aspekte der Vorgängerbände werden in dem vorliegenden Band für die Jahrgangsstufen 9 und 10 nur in verkürzter Form wiederholt. Dadurch entsteht mehr Raum für die in diesen Jahrgangsstufen neu zu erwerbenden und auf höherem Leistungsniveau zu vertiefenden Inhalte. Dabei liegt der Fokus auf den Lerninhalten, die in den verschiedenen Abschlussprüfungen der einzelnen Bundesländer abgeprüft werden und auf den bundeseinheitlichen Bildungsstandards fußen. Auf diese Art sollen die Lernenden mit DaZ in besonderer Weise auf die Anforderungen der Abschlussprüfungen vorbereitet werden. So wird zum Beispiel am Schluss jedes Teilgebiets des Grammatik-Bausteins eine Aufgaben-Seite angeboten, die dem Stil echter Prüfungsaufgaben nachempfunden ist. Dadurch ist für die Lernenden auch erkennbarer, dass sie bestimmte grammatische Inhalte trainieren sollen, um sie hinterher sicher zu beherrschen. Als grammatische Inhalte werden wieder das Deklinieren von Nomen mit Artikeln, Adjektiven, Possessivpronomen und Demonstrativpronomen, das Konjugieren von unregelmäßigen Verben sowie die Bildung von Konjunktivformen aufgegriffen. Diese Lerninhalte werden in den Abschlussprüfungen verlangt und stellen für Lernende mit DaZ auch in den höheren Klassenstufen immer noch häufige Fehlerquellen dar.

Um die Lernenden dabei besser auf die Prüfungs-Anforderungen vorzubereiten, wurden auch Arbeitsblätter mit der Aufgabenstellung eingefügt, falsche Formen in Texten zu identifizieren und zu korrigieren. Diese Aufgaben sollten aber erst dann verwendet werden, wenn die Lernenden die Formen sicher beherrschen. Sonst besteht die Gefahr, dass die Lernenden sich die falschen Formen einprägen. Zudem ist im Hinblick auf die grammatischen Formen noch anzumerken, dass diese im Gegensatz zu den beiden vorherigen Bänden, in denen die Formen meistens nur zugeordnet werden mussten, nun bewusst in verrätselter Form dargeboten werden, um das Leistungsniveau zu steigern. Denn es wird davon ausgegangen, dass die Lernenden die Formen schon einmal gehört haben und daher wiedererkennen. Erst danach folgt das Zuordnen. Auf diese Weise wird binnendifferenziertes Arbeiten ermöglicht:

Leistungsstärkere Lerner können im Gegensatz zu den übrigen Lernenden in anderer Reihenfolge vorgehen und die gesuchten Formen zuerst eintragen, ohne die in verrätselter Form vorgegebenen Formen zu benutzen und die verrätselten Formen anschließend als Ergebniskontrolle verwenden. Die übrigen Lernenden hingegen können die verrätselten Formen erst identifizieren und dann den Lücken zuordnen, so dass den leistungsschwächeren Lernenden hier eine Erinnerungshilfe an die Hand gegeben wird.

Darüber hinaus besteht die Möglichkeit, den leistungsschwächeren Lernern unterstützendes Material aus Band 2 für die Jahrgangsstufen 7 und 8 mit vorgegebenen Formen auszuhändigen, die nur zuzuordnen sind. Damit bieten die DaZ-Bände eine Binnendifferenzierung in drei Leistungsstufen an. Hinsichtlich des Konjunktivs ist außerdem darauf hinzuweisen, dass besonders die Bildung der Konjunktiv II-Formen in den Mittelpunkt gestellt wird. Diese fällt den Lernenden mit DaZ erfahrungsgemäß schwerer als die der Konjunktiv I-Formen, weil bei der Bildung der Konjunktiv II-Formen auf die Präteritum-Formen der unregelmäßigen Verben zurückgegriffen werden muss. Insofern steht der Gebrauch des Konjunktivs zur Formulierung unerfüllbarer Wünsche im Vordergrund, während die Benutzung des Konjunktivs bei der indirekten Rede kürzer abgehandelt wird. Bei größerem Übungsbedarf kann auf die entsprechenden Übungen aus Band 2 für die Jahrgangsstufen 7 und 8 zurückgegriffen werden. In Bezug auf die Arbeitsblätter zum Konjunktiv bei der indirekten Rede ist weiterhin anzumerken, dass, wie bereits beim vorherigen Band, nicht jeder Lernende die höchste Schwierigkeitsstufe

Birgit Lascho: Training Abschlussprüfung Deutsch
© Persen Verlag

erreichen muss. Da die Arbeitsblätter einen sukzessiv ansteigenden Schwierigkeitsgrad aufweisen, ist es problemlos möglich, bei leistungsstärkeren Lernern einzelne Arbeitsblätter zu bestimmten Lernschritten zu überspringen. Auf diese Weise lässt sich das individuelle Lernniveau berücksichtigen.

Ebenso sind die Inhalte des Sprachbausteins auf die Schulabschlussprüfungen ausgerichtet. Den Prüfungs-Anforderungen wird hier durch die Themenbereiche „Inhalte wiedergeben", „Literatur interpretieren und analysieren", „Argumentieren und Erörtern" sowie, neu aufgenommen, „Sachtexte analysieren und interpretieren" besonders Rechnung getragen. Zudem ist der Themenbereich „Erzählen" so angelegt, dass die Lernenden die in der Schulabschlussprüfung geforderten handlungs- und produktionsorientierten Aufgabenstellungen bewältigen können. Eine stärker berufspraktische Ausrichtung, wie sie die Lehrpläne für die Abschlussjahrgänge der Sekundarstufe I vorgeben, weisen dagegen die Themenbereiche „Beschreiben und Berichten", „Offizielle Schreiben verfassen" und „Für sich werben" auf. Dabei ist das Kapitel „Beschreiben und Berichten" zusätzlich darauf ausgerichtet, einen Praktikumsbericht zu verfassen. Auch bei den meisten Themenbereichen des Sprachbausteins bieten sich bei der Förderung des sprachlichen Ausdrucksvermögens Rückgriffsmöglichkeiten auf Band 1 oder 2 an, sofern die Themen schon Lerngegenstand der vorherigen Jahrgangsstufen waren. In diesem Bereich weisen die drei Bände gleichfalls einen sukzessiven Aufbau auf. So können die Lernenden ihren Bedürfnissen entsprechend gefördert und für die Abschlussprüfung fit gemacht werden.

Des Weiteren bietet dieser Band wie bereits die vorangegangenen Titel zu Beginn des Grammatik-Bausteins einen Lernausgangstest an, mit dessen Hilfe ermittelt werden kann, bei welchen Aspekten die Lernenden mit DaZ individuell noch besondere Schwierigkeiten haben. Dadurch kann die Förderung dort gezielt ansetzen, ohne die Zeit für Inhalte zu verwenden, die die Lernenden bereits beherrschen. Als Serviceleistung wird dabei neben den Lösungen auch ein Einstufungsraster angeboten. Die Kontrolle und Auswertung des Tests können die Lernenden selbst vornehmen. Es ist jedoch auch sinnvoll, wenn die Lehrkraft selbst die Auswertung vornimmt, da die Lehrkraft so einen besseren Überblick über den Lernstand ihrer Lerngruppe gewinnen kann.

Zu Beginn des Grammatik-Bausteins folgt außerdem ein Methodentraining zum Umgang mit dem Wörterbuch, um die Lernenden mit DaZ bei grammatischen Unsicherheiten zur Selbsthilfe zu befähigen. Als Wörterbuch wurde dabei der Duden zugrunde gelegt. Es werden jedoch auch andere Nachschlagewerke berücksichtigt, da nicht alle Schulen den Duden verwenden. Der Duden wurde nicht nur ausgewählt, weil er so bekannt ist, sondern auch, weil er gegenüber anderen Wörterbüchern oder speziellen Schulwörterbüchern, die in Schulen verwendet werden, für Lernende mit DaZ besondere Vorteile bietet. So gibt der Duden bei Substantiven nicht nur die dazugehörigen Artikel an, sondern auch die Plural- und Genitivformen sowie die Stammformen bei unregelmäßigen Verben. Deshalb sollten die Lehrenden Wörterbücher, die in der Schule benutzt werden, sorgsam im Hinblick auf diese Kriterien und den DaZ-Unterricht auswählen.

Ferner bietet der Titel im Anschluss an das Methodentraining eine Liste ausgewählter unregelmäßiger Verben zum Nachschlagen und Auswendiglernen für die Schülerhand. Dabei wurden besonders unregelmäßige Verben berücksichtigt, die häufig vorkommen.

Abgerundet wird der Grammatik-Baustein durch einen Abschlusstest, mit dessen Hilfe die Lernenden am Ende der 9. bzw. 10. Klasse oder auch zu einem anderen Zeitpunkt ihre Lernfortschritte im Bereich Grammatik überprüfen können. Deshalb sollten die beim Lernausgangstest erzielten Ergebnisse durch die Lehrkraft oder die Lernenden sorgfältig aufbewahrt werden, um den Lernfortschritt später ermitteln zu können. Die einzelnen Aufgaben des Abschlusstests können jedoch auch alternativ als direkte Lernfortschritts-Kontrolle im Anschluss an die jeweils unterrichteten Grammatikphänomene eingesetzt werden.

Abschließend sei noch bemerkt, dass die vorliegenden Kopiervorlagen auch bei der außerschulischen Sprachförderung von Lernenden mit DaZ verwendet werden können und dass viele der Übungen gleichfalls zur Sprachförderung von Kindern und Jugendlichen mit Deutsch als Muttersprache benutzt werden können, wenn diese entsprechende Sprachdefizite haben.

Welches grammatische Thema kann mit welcher Aufsatzform kombiniert werden?

Baustein I	Baustein II
Erzählen	• Deklinieren (besonders Nomen mit doppelter Bedeutung) • Unregelmäßige Verben konjugieren (Präsens, Präteritum, Perfekt und Plusquamperfekt)
Beschreiben und Berichten a) für den Praktikums-bericht speziell	• Deklinieren (besonders Nomen mit doppelter Bedeutung) • Unregelmäßige Verben konjugieren (besonders Präteritum, Plusquamperfekt)
Inhalte wiedergeben a) für den Bericht speziell	• Deklinieren (besonders Nomen mit speziellen Endungen) • Unregelmäßige Verben konjugieren (besonders Präsens und Perfekt) • Verben im Konjunktiv konjugieren (besonders Konjunktivformen bei der indirekten Rede)
Literatur interpretieren und analysieren	• Deklinieren (besonders Nomen mit speziellen Endungen) • Unregelmäßige Verben konjugieren (besonders Präsens und Perfekt) • Verben im Konjunktiv konjugieren (besonders Konjunktivformen bei der indirekten Rede)

Birgit Lascho: Training Abschlussprüfung Deutsch
© Persen Verlag

Welches grammatische Thema kann mit welcher Aufsatzform kombiniert werden?

Baustein I	Baustein II
Argumentieren und Erörtern	• Deklinieren (besonders Artikel, Adjektiv und Nomen) • Unregelmäßige Verben konjugieren (besonders Präsens und Perfekt) • Verben im Konjunktiv konjugieren (besonders Konjunktivformen bei der indirekten Rede)
Für sich werben	• Deklinieren (besonders Demonstrativpronomen, Adjektiv und Nomen) • Unregelmäßige Verben konjugieren (besonders Präsens, Konjunktiv II)
Offizielle Schreiben verfassen	• Deklinieren (besonders Nomen mit speziellen Endungen) • Unregelmäßige Verben konjugieren (besonders Präsens und Perfekt) • Verben im Konjunktiv konjugieren (besonders Konjunktiv II)
Sachtexte analysieren und interpretieren	• Deklinieren (besonders Nomen mit speziellen Endungen) • Unregelmäßige Verben konjugieren (besonders Präsens und Perfekt) • Verben im Konjunktiv konjugieren (besonders Konjunktivformen bei der indirekten Rede)

Zu welchem Themenbereich befinden sich Grundlagen-Übungen in Band 1 und 2?

Baustein I	
Erzählen	• Verben der Vorwärtsbewegung (Bd. 1) • Verben des Sagens (Bd. 1) • Wörter zum Ausdruck zeitlicher Handlungsabfolgen (Bd. 1 und 2) • Spannungssteigernde Ausdrücke (Bd. 1 und 2) • Verwendung von Personalpronomen (Bd. 2) • Umstellung von Satzgliedern (Bd. 2)
Beschreiben und Berichten	• Adjektive und Wortbausteine zur Personenbeschreibung (Bd. 1) • Wortbausteine zur Tierbeschreibung (Bd. 1) • Verben zur Wegbeschreibung (Bd. 1) • Präpositionen für Ortsangaben bei Bildbeschreibungen und Berichten (Bd. 1 und 2) • Präpositionen für Ortsangaben bei Wegbeschreibungen (Bd. 1) • Wörter zum Ausdruck von Handlungsabfolgen (Bd. 2) • Sprachbausteine für den Einleitungsteil von Zeitungsberichten (Bd. 2)
Inhalte wiedergeben	• Sprachbausteine für Einleitungssätze (Bd. 2) • Konjunktionen zur Verknüpfung von Sätzen (Bd. 2)

Birgit Lascho: Training Abschlussprüfung Deutsch
© Persen Verlag

Zu welchem Themenbereich befinden sich Grundlagen-Übungen in Band 1 und 2?

Baustein I	
Literatur interpretieren und analysieren	• Sprachbausteine zum Formulieren einer Interpretationshypothese (Bd. 2) • Sprachbausteine zur Untergliederung von Texten (Bd. 2) • Sprachbausteine zur Einbindung von Zitaten (Bd. 2) • Sprachbausteine zur Zusammenfassung am Schluss einer Textinterpretation und -analyse (Bd. 2) • Sprachbausteine für die abschließende persönliche Wertung eines Textes (Bd. 2)
Argumentieren	• Sprachliche Wendungen zur Einleitung der Meinungsäußerung (Bd. 1 und 2) • Sprachliche Wendungen zum Verknüpfen der einzelnen Bausteine einer Argumentationskette (Bd. 1) • Sprachliche Wendungen zur Formulierung von Schlussfolgerungen (Bd. 1) • Sprachliche Wendungen zum Ausdruck gegensätzlicher Meinungen (Bd. 1 und 2) • Sprachbausteine für die teilweise Zustimmung zur Meinung einer anderen Person (Bd. 2) • Sprachbausteine für die Wiedergabe der Meinung/ Aussage einer anderen Person (Bd. 2) • Sprachbausteine für den Einleitungsteil eines Leserbriefes (Bd. 2) • Konjunktionen und sprachliche Wendungen zur Aneinanderreihung von Argumenten (Bd. 2) • Sprachbausteine für die Schlussfolgerung am Ende eines Leserbriefes (Bd. 2)
Appellieren und werben	• Sprachbausteine zum Aufzeigen von Vorteilen (Bd. 2) • Ausdrucksstarke Adjektive für Werbetexte (Bd. 2)
Für sich werben	• Sprachbausteine für den Einleitungsteil eines Bewerbungsanschreibens (Bd. 2) • Sprachbausteine für die Begründung des Berufswunsches (Bd. 2) • Sprachbausteine für den Schlussteil eines Bewerbungsanschreibens (Bd. 2)

Zu welchem Themenbereich befinden sich Grundlagen-Übungen in Band 1 und 2?

Baustein II	
Deklinieren	• Den richtigen Artikel finden (Bd. 1) • Den richtigen Artikel bei zusammengesetzten Verben finden (Bd. 2) • Den richtigen Plural finden (Bd. 1) • Artikel mit Nomen (Bd. 1) • Artikel, Adjektiv und Nomen (Bd. 1 und 2) • Possessivpronomen und Nomen (Bd. 1) • Possessivpronomen, Adjektiv und Nomen (Bd. 1 und 2) • Demonstrativpronomen und Nomen (Bd. 1) • Demonstrativpronomen, Adjektiv und Nomen (Bd. 1 und 2)
Unregelmäßige Verben Konjugieren	• Das Präsens unregelmäßiger Verben (Bd. 1 und 2) • Das Präteritum unregelmäßiger Verben (Bd. 1 und 2) • Das Perfekt unregelmäßiger Verben (Bd. 1 und 2) • Das Plusquamperfekt unregelmäßiger Verben (Bd. 1 und 2) • Das Passiv unregelmäßiger Verben im Präsens, Präteritum, Perfekt und Plusquamperfekt (Bd. 2) • Die Konjunktivformen zur Wiedergabe der indirekten Rede (Bd. 2)

Birgit Lascho: Training Abschlussprüfung Deutsch
© Persen Verlag

Baustein I: Sprachlicher Ausdruck

Verwendung von Personalpronomen

Merke

Mit Personalpronomen kannst du deinen Text abwechslungsreicher gestalten und zudem verkürzen.

1. In der Tabelle sind die Personalpronomen spiegelverkehrt gedruckt. Notiere sie richtig herum auf der Linie daneben.

Fall	Singular			Plural
	männlich weiblich sächlich			alle Geschlechter
Nominativ *Wer oder was?*	re ___	eis ___	se ___	eis ___
Dativ *Wem?*	mhi ___	rhi ___	mhi ___	nenhi ___
Akkusativ *Wen oder was?*	nhi ___	eis ___	se ___	eis ___

2. Ersetze die unterstrichenen Nomen durch Personalpronomen. Die Tabelle hilft dir.

Beispiel: Emre ruft seine Mutter an. ▷ *Er ruft sie an.*

a) Lara bringt ihre Schwester ins Bett. ▷ _____

b) Ahmet findet den Schlüssel endlich. ▷

_____

c) Das Mädchen winkt seinen Eltern. ▷ _____

d) Seine Freunde schenken Ali ein Handy. ▷ _____

e) Das Eichhörnchen knabbert die Nüsse. ▷

_____

f) Fatmas Vater gibt seiner Tochter Geld. ▷ _____

g) Anna erblickt ein Reh. ▷ _____

h) Esra wirft dem Kind den Ball zu. ▷ _____

Birgit Lascho: Training Abschlussprüfung Deutsch
© Persen Verlag

Verwendung von Personalpronomen

Merke

Beachte, dass sich Personalpronomen immer auf das letzte grammatisch passende Nomen beziehen. Sonst kann dir schnell ein Bezugsfehler unterlaufen wie der Verfasserin des zweiten Beispielsatzes.

Beispiel 1: *Die Frau fährt in die Stadt. Sie war sehr groß.*

▷ *Die Stadt war sehr groß. Dies kann eine Stadt in der Realität auch sein.*

Beispiel 2: *Die Frau fuhr in die Stadt. Sie hatte gelocktes Haar.*

▷ *So entsteht der Eindruck, die Stadt habe gelocktes Haar. Doch nur die Frau kann gelocktes Haar besitzen. Deshalb kannst du hier im anschließenden Satz kein Personalpronomen als Ersatz für das Nomen benutzen, sondern musst das Nomen des ersten Satzes erneut verwenden.*

Ersetze bei den folgenden Textauszügen die Nomen nur dann durch das passende Personalpronomen, wenn es sinnvoll ist. Fülle die Textlücke sonst mit einem Strich.

a) Die Katze fing eine Maus. _____ (Die Katze) verschlang ihre Beute schnell.

b) Die Mutter gab den Jungen etwas zu trinken. _____ (Die Mutter) schenkte

_____ (den Jungen) Sprudel ein.

c) Esther geht mit Heike in die neue Disco. _____ (Die Disco) befindet sich in der Nähe

des Bahnhofs. _____ (Heike) war schon lange Esthers Freundin.

d) Ali hat sich ein neues Motorrad gekauft. _____ (Das Motorrad) ist blau und _____ (Ali)

hat sich extra für dieses Modell entschieden, weil _____ (das Modell) toll aussieht.

e) Igor trifft sich mit Natascha in der Stadt. _____ (Natascha) hat rotlackierte Fingernägel.

f) Mira kaufte für ihre Freundin eine CD. _____ (Mira) war sehr stolz auf dieses Geschenk,

denn _____ (Mira) wusste, dass _____ (ihre Freundin) diese Musikrichtung liebte.

Treffende Verben für „machen" verwenden

Merke
Um einen Text abwechslungsreicher und im sprachlichen Ausdruck genauer zu gestalten, solltest du das Verb „machen" möglichst immer durch andere Verben ersetzen.

Ersetze die Formulierungen mit dem Verb „machen" jeweils durch ein passendes Verb aus dem Kasten.

> beseitigen ♦ ausschalten ♦ aufhängen ♦ reparieren ♦ imitieren ♦ erwärmen ♦ entfernen ♦ anlügen ♦ vererben ♦ schließen ♦ befestigen ♦ erleiden ♦ zerstören ♦ zeigen ♦ öffnen ♦ vereinbaren ♦ durchfeiern ♦ hochziehen ♦ lösen ♦ einschalten ♦ unternehmen

a) die Tür zumachen ▷ die Tür _____

b) das Licht anmachen ▷ das Licht _____

c) ein Plakat anmachen ▷ ein Plakat _____

d) eine Speise warm machen ▷ eine Speise _____

e) die Tür aufmachen ▷ die Tür _____

f) eine Schraube losmachen ▷ eine Schraube _____

g) einen Ausflug machen ▷ einen Ausflug _____

h) Schmutz wegmachen ▷ Schmutz _____

i) Übungen vormachen ▷ Übungen _____

j) jemandem etwas vormachen ▷ jemanden _____

k) etwas kaputt machen ▷ etwas _____

l) etwas wieder ganz machen ▷ etwas _____

m) einen Aufkleber von etwas abmachen ▷ einen Aufkleber von etwas _____

n) einen Termin abmachen ▷ einen Termin _____

o) das Licht ausmachen ▷ das Licht _____

p) den Rollladen hochmachen ▷ den Rollladen _____

q) etwas an der Wand festmachen ▷ etwas an der Wand _____

r) eine Handlung oder Person nachmachen ▷ eine Handlung oder Person _____

s) jemandem Geld vermachen ▷ jemandem Geld _____

t) die Nacht durchmachen ▷ die Nacht _____

u) etwas Schlimmes durchmachen ▷ etwas Schlimmes _____

Birgit Lascho: Training Abschlussprüfung Deutsch
© Persen Verlag

Tätigkeiten im Büro

Ordne die Verben aus dem Kasten den passenden Erklärungen zu.

bearbeiten ◆ versenden ◆ abheften ◆ verfassen ◆ aufrufen ◆ tippen ◆
vereinbaren ◆ notieren ◆ hochfahren ◆ entgegennehmen ◆ beantworten ◆
notieren ◆ sortieren ◆ herunterfahren ◆ frankieren ◆ kopieren

a) etwas mit dem Computer schreiben ▷ etwas _____

b) einen Brief mit einer Briefmarke versehen ▷ einen Brief _____

c) sich mit einem Vorgang befassen ▷ einen Vorgang _____

d) die E-Mails checken ▷ die E-Mails _____

e) Akten ordnen ▷ Akten _____

f) den Computer anschalten ▷ den Computer _____

g) einen Brief verschicken ▷ einen Brief _____

h) den Computer abschalten ▷ den Computer _____

i) ans Telefon gehen ▷ einen Anruf _____

j) einen Vorgang in die Akte tun ▷ einen Vorgang _____

k) etwas schriftlich festhalten ▷ etwas _____

l) auf E-Mails reagieren ▷ E-Mails _____

m) einen Termin vergeben ▷ einen Termin _____

n) ein Schreiben aufsetzen ▷ ein Schreiben _____

o) etwas vervielfältigen ▷ etwas _____

p) etwas schriftlich festhalten ▷

etwas _____

Tätigkeiten im medizinischen Bereich

Ordne die Verben aus dem Kasten den passenden Erklärungen zu.

> ausstellen ◆ verbinden ◆ abhorchen ◆ entsorgen ◆ dosieren ◆ reinigen
> ◆ verordnen ◆ eingipsen ◆ verabreichen ◆ aufziehen ◆ kleben ◆
> messen ◆ abnehmen ◆ desinfizieren ◆ abtupfen ◆ wiegen

a) Medikamente eingeben ▷ Medikamente _____

b) etwas säubern ▷ etwas _____

c) eine Spritze vorbereiten ▷ eine Spritze _____

d) ein Rezept schreiben ▷ ein Rezept _____

e) einen Gipsverband machen ▷ etwas _____

f) etwas sterilisieren ▷ etwas _____

g) Blut abzapfen ▷ Blut _____

h) jemandem einen Verband anlegen ▷ jemanden _____

i) eine Wunde mit einem Pflaster bedecken ▷ ein Pflaster auf eine Wunde _____

j) Medikamente verschreiben ▷ Medikamente _____

k) Abfall wegräumen ▷ Abfall _____

l) jemanden mit dem Stethoskop abhören ▷ jemanden _____

m) Körperflüssigkeiten mit Watte aufsaugen ▷ mit Watte _____

n) die Menge einzunehmender Medikamente festlegen ▷ Medikamente _____

o) den Blutdruck bestimmen ▷ den Blutdruck _____

p) jemanden auf die Waage stellen ▷ jemanden _____

Birgit Lascho: Training Abschlussprüfung Deutsch
© Persen Verlag

Tätigkeiten im handwerklichen Bereich

Ordne die Verben aus dem Kasten den passenden Bildern zu.

schleifen ◆ hobeln ◆ feilen ◆ ausmessen ◆ schmirgeln ◆ sägen

a)

etwas mit dem Zollstock

_____

b)

Holz mit der Säge

_____

c)

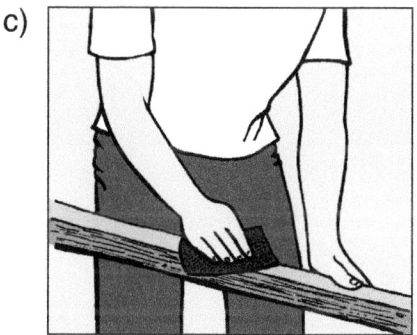

Holz mit Schmirgelpapier

glatt _____

d)

Holz mit einem Schleifgerät

_____

e)

Holz mit dem Hobel

_____

f)

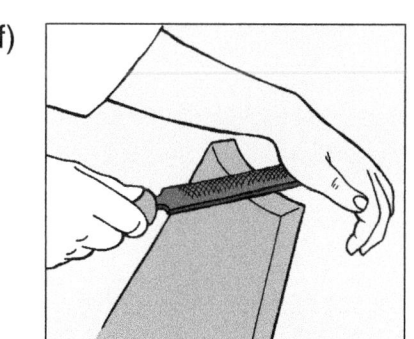

Holz mit einer Feile

_____

Birgit Lascho: Training Abschlussprüfung Deutsch
© Persen Verlag

Tätigkeiten im handwerklichen Bereich

Ordne die Verben aus dem Kasten den passenden Bildern zu.

> **losschrauben** ♦ **losdrehen** ♦ **schieben** ♦ **löten** ♦ **festziehen** ♦ **festschrauben**

a)

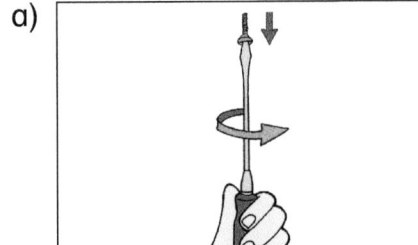

eine Schraube mit dem Schraubenzieher

_____

b)

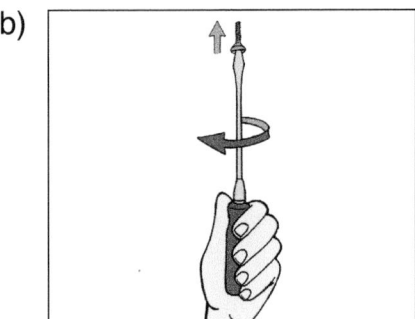

eine Schraube mit dem Schraubenzieher

_____

c)

eine Mutter mit dem Schraubenschlüssel

_____

d)

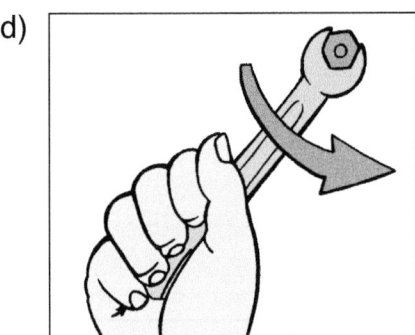

eine Mutter mit dem Schraubenschlüssel

_____

e)

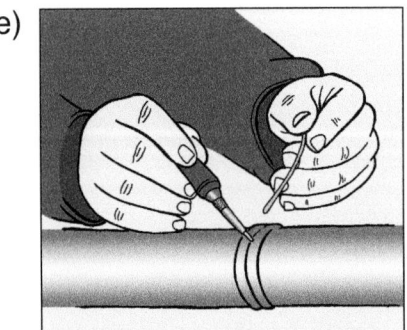

Rohre mit dem Lötkolben

_____

f)

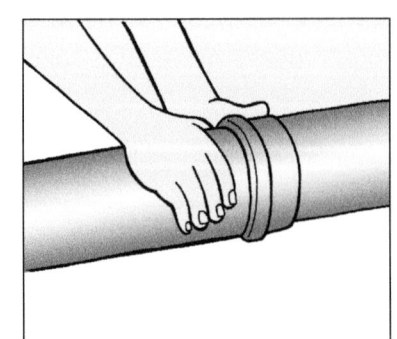

Rohre ineinander

_____

Birgit Lascho: Training Abschlussprüfung Deutsch
© Persen Verlag

Tätigkeiten im handwerklichen Bereich

Ordne die Verben aus dem Kasten den passenden Bildern zu.

entfernen ◆ bohren ◆ tapezieren ◆ einschlagen ◆ anstreichen ◆ fliesen

a)
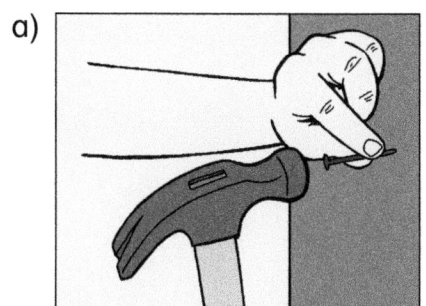

einen Nagel mit dem Hammer

_____

b)
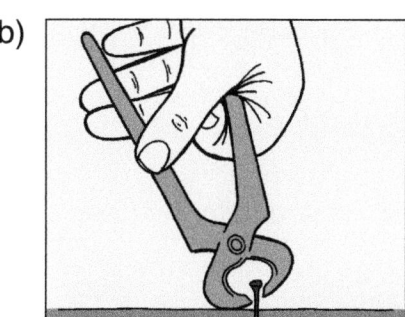

einen Nagel mit der Zange

_____

c)
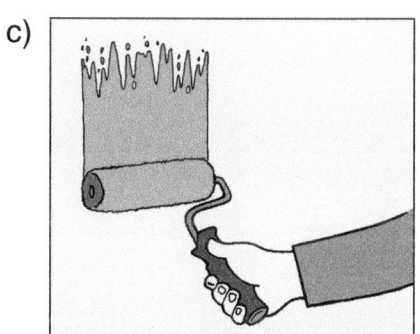

eine Wand mit der Walze

_____

d)

einen Dübel mit der Bohrmaschine

in die Wand _____

e)

ein Badezimmer

_____

f)

eine Wand

_____

Tätigkeiten im Verkaufsbereich

Ordne die Verben aus dem Kasten den passenden Erklärungen zu.

> dekorieren ◆ zusammenlegen ◆ verkaufen ◆ stapeln ◆ kassieren ◆
> versenden ◆ präsentieren ◆ abrechnen ◆ aufnehmen ◆ verpacken ◆
> beraten ◆ bestellen ◆ auszeichnen ◆ umtauschen ◆ auspacken ◆ sortieren

a) Waren absetzen ▷ Waren _____

b) Waren mit dem Preis versehen ▷ Waren _____

c) das Schaufenster gestalten ▷ das Schaufenster _____

d) den Kunden Waren zeigen ▷ den Kunden Waren _____

e) Waren zurücknehmen ▷ Waren _____

f) Waren übereinander anordnen ▷ Waren _____

g) Waren ordern ▷ Waren _____

h) Geld vom Kunden entgegennehmen ▷ _____

i) Paketen Waren entnehmen ▷ Ware _____

j) Kassensturz machen ▷ _____

k) Ware in eine Tüte oder ein Paket legen ▷ Ware _____

l) Kleidungsstücke ordentlich zusammenfalten ▷ Kleidungsstücke _____

m) Ware im Paket verschicken ▷ Ware _____

n) Bestellungen entgegennehmen ▷ Bestellungen _____

o) Kunden informieren ▷ Kunden _____

p) Waren in bestimmte Gruppen einteilen ▷ Waren _____

Birgit Lascho: Training Abschlussprüfung Deutsch
© Persen Verlag

Tätigkeiten im hauswirtschaftlichen Bereich

Streiche die sprachlich fehlerhaften Tätigkeitsbeschreibungen, die nicht zu der jeweiligen Überschrift passen, durch. Achtung, manchmal sind mehrere Angaben unzutreffend!

a) **Geschirr reinigen**

Geschirr abwaschen – Geschirr säubern – Geschirr abspülen – Geschirr duschen – den Abwasch erledigen

b) **Gemüse vom Schmutz befreien**

Gemüse kehren – Gemüse waschen – Gemüse abspülen – Gemüse putzen – Gemüse wischen

c) **Gemüse zerkleinern**

Gemüse in Stücke schneiden – Gemüse in Scheiben schneiden – Gemüse raspeln – Gemüse in Würfel schneiden – Gemüse zersägen – Gemüse hobeln

d) **Obst entkernen**

Kirschen entkernen – Erdbeeren entkernen – Pfirsiche entkernen – Zwetschen entkernen – Mirabellen entkernen – Bananen entkernen – Pflaumen entkernen

e) **Im Topf kochen**

Suppe kochen – Pudding kochen – Brei kochen – Milch kochen – Schnitzel kochen

f) **In der Pfanne braten**

Fleisch braten – Eier braten – Milch braten – Frikadellen braten – Waffeln braten

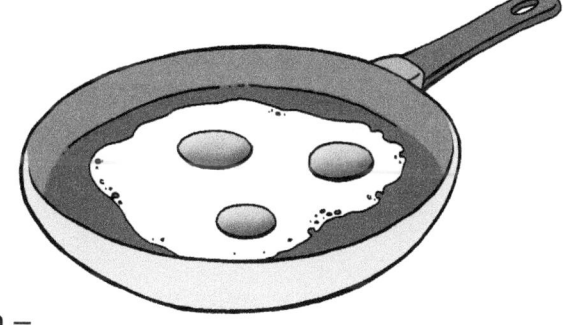

g) **Im Herd backen**

Kuchen backen – Pizza backen – Salat backen – Sahne backen – einen Tortenboden backen

Tätigkeiten im kosmetischen Bereich

Ordne die Verben aus dem Kasten den passenden Erklärungen zu.

schneiden ◆ frisieren ◆ feilen ◆ kämmen ◆ ausspülen ◆
auftragen ◆ tönen ◆ waschen ◆ anfeuchten ◆ rasieren ◆ färben ◆
eincremen ◆ bürsten ◆ einwickeln ◆ föhnen ◆ lackieren

a) Haare reinigen ▷ Haare _____

b) Haare vom Shampoo befreien ▷ Haare _____

c) Haare nass machen ▷ Haare _____

d) Haare mit dem Föhn trocknen ▷ Haare _____

e) Haare mit dem Kamm in Ordnung bringen ▷ Haare _____

f) Haare mit der Bürste in Ordnung bringen ▷ Haare _____

g) Haare in Form bringen ▷ Haare _____

h) Haare kürzen ▷ Haare _____

i) Lockenwickler in die Haare machen ▷ Haare _____

j) die Haarfarbe stark verändern ▷ jemandem die Haare _____

k) die Haarfarbe nur leicht verändern ▷ jemandem die Haare _____

l) Haare mit dem Rasierer entfernen ▷ Haare _____

m) den Nagelspitzen eine runde Form verpassen ▷ Nägel _____

n) Make-up im Gesicht verteilen ▷ Make-up im Gesicht _____

o) Creme im Gesicht verteilen ▷ das Gesicht _____

p) Lack auf die Nägel auftragen ▷ die Nägel _____

Birgit Lascho: Training Abschlussprüfung Deutsch
© Persen Verlag

Die Küchenuhr

Wolfgang Borchert

(1947)

Sie sahen ihn schon von weitem auf sich zukommen, denn er
fiel auf. Er hatte ein ganz altes Gesicht, aber wie er ging, daran
sah man, dass er erst zwanzig war. Er setzte sich mit seinem alten
Gesicht zu ihnen auf die Bank. Und dann zeigte er ihnen, was er in der
Hand trug.

Das war unsere Küchenuhr, sagte er und sah sie alle der Reihe nach an, die auf der Bank in
der Sonne saßen. Ja, ich habe sie noch gefunden. Sie ist übriggeblieben.

Er hielt eine runde tellerweise Küchenuhr vor sich hin und tupfte mit dem Finger die blauge-
malten Zahlen ab.

Sie hat weiter keinen Wert, meinte er entschuldigend, das weiß ich auch. Und sie ist auch
nicht so besonders schön. Sie ist nur wie ein Teller, so mit weißem Lack. Aber die blauen
Zahlen sehen doch ganz hübsch aus, finde ich. Die Zeiger sind natürlich nur aus Blech. Und
nun gehen sie auch nicht mehr. Nein. Innerlich ist sie kaputt, das steht fest. Aber sie sieht
noch aus wie immer. Auch wenn sie jetzt nicht mehr geht.

Er machte mit der Fingerspitze einen vorsichtigen Kreis auf dem Rand der Telleruhr entlang.
Und er sagte leise: Und sie ist übriggeblieben.

Die auf der Bank in der Sonne saßen, sahen ihn nicht an. Einer sah auf seine Schuhe und
die Frau sah in ihren Kinderwagen. Dann sagte jemand:

Sie haben wohl alles verloren?

Ja, ja, sagte er freudig, denken Sie, aber auch alles! Nur sie hier, sie ist übrig. Und er hob
die Uhr wieder hoch, als ob die anderen sie noch nicht kannten.

Aber sie geht doch nicht mehr, sagte die Frau.

Nein, nein, das nicht. Kaputt ist sie, das weiß ich wohl. Aber sonst ist sie doch noch ganz wie
immer: weiß und blau. Und wieder zeigte er ihnen seine Uhr. Und was das Schönste ist, fuhr
er aufgeregt fort, das habe ich Ihnen ja noch überhaupt nicht erzählt. Das Schönste kommt
nämlich noch: Denken Sie mal, sie ist um halb drei stehengeblieben. Ausgerechnet um halb
drei, denken Sie mal!

Dann wurde ihr Haus sicher um halb drei getroffen, sagte der Mann und schob wichtig die
Unterlippe vor. Das habe ich schon oft gehört. Wenn die Bombe runtergeht, bleiben die
Uhren stehen. Das kommt von dem Druck.

Er sah seine Uhr an und schüttelte überlegen den Kopf. Nein, lieber Herr, nein, da irren Sie
sich. Das hat mit den Bomben nichts zu tun. Sie müssen nicht immer von den Bomben
reden. Nein. Um halb drei war ganz etwas anderes, das wissen sie nur nicht. Das ist nämlich
der Witz, daß sie gerade um halb drei stehengeblieben ist. Und nicht um viertel nach vier
oder um sieben. Um halb drei kam ich nämlich immer nach Hause. Nachts, meine ich. Fast
immer um halb drei. Das ist ja gerade der Witz.

Er sah die anderen an, aber die hatten ihre Augen von ihm weggenommen. Er fand sie nicht.
Da nickte er seiner Uhr zu: Dann hatte ich natürlich Hunger, nicht wahr? Und ich ging immer
gleich in die Küche. Da war es dann fast immer halb drei. Und dann, dann kam nämlich
meine Mutter.

Ich konnte noch so leise die Tür aufmachen, sie hat mich immer gehört. Und wenn ich in der dunklen Küche etwas zu essen suchte, ging plötzlich das Licht an. Dann stand sie da in ihrer Wolljacke und mit einem roten Schal um. Und barfuß. Immer barfuß. Und dabei war unsere Küche gekachelt. Und sie machte ihre Augen ganz klein, weil ihr das Licht so hell war. Denn sie hatte ja schon geschlafen. Es war ja Nacht.

So spät wieder, sagte sie dann. Mehr sagte sie nie. Nur: So spät wieder. Und dann machte sie mir das Abendbrot warm und sah zu, wie ich aß. Dabei scheuerte sie immer die Füße aneinander, weil die Kacheln so kalt waren. Schuhe zog sie nachts nie an. Und sie saß so lange bei mir, bis ich satt war. Und dann hörte ich sie noch die Teller wegsetzen, wenn ich in meinem Zimmer schon das Licht ausgemacht hatte. Jede Nacht war es so. Und meistens immer um halb drei. Das war ganz selbstverständlich, fand ich, daß sie mir nachts um halb drei in der Küche das Essen machte. Ich fand das ganz selbstverständlich. Sie tat das ja immer. Und sie hat nie mehr gesagt als: So spät wieder. Aber das sagte sie jedesmal. Und ich dachte, das könnte nie aufhören. Es war mir so selbstverständlich. Das alles war doch immer so gewesen.

Einen Atemzug lang war es ganz still auf der Bank. Dann sagte er leise: Und jetzt? Er sah die anderen an. Aber er fand sie nicht. Da sagte er der Uhr leise ins weißblaue runde Gesicht: Jetzt, jetzt weiß ich, daß es das Paradies war. Das richtige Paradies.

Auf der Bank war es ganz still. Dann fragte die Frau: Und ihre Familie?

Er lächelte sie verlegen an: Ach, Sie meinen meine Eltern? Ja, die sind auch mit weg. Alles ist weg. Alles, stellen Sie sich vor. Alles weg.

Er lächelte verlegen von einem zum anderen. Aber sie sahen ihn nicht an.

Da hob er wieder die Uhr hoch und er lachte. Er lachte: Nur sie hier. Sie ist übrig. Und das Schönste ist ja, dass sie ausgerechnet um halb drei stehengeblieben ist. Ausgerechnet um halb drei.

Dann sagte er nichts mehr. Aber er hatte ein ganz altes Gesicht. Und der Mann, der neben ihm saß, sah auf seine Schuhe. Aber er sah seine Schuhe nicht. Er dachte immerzu an das Wort Paradies.

Worterklärungen:
abtupfen = säubern,
den Staub entfernen
barfuß = mit nackten Füßen,
ohne Schuhe
gekachelt = gefliest
scheuern = reiben

Birgit Lascho: Training Abschlussprüfung Deutsch
© Persen Verlag

Sprachbausteine für Einleitungssätze

> **Merke**
> Der erste Satz einer Inhaltsangabe ist am schwersten: Hier musst du Autor,
> Erscheinungsjahr, Gattung und Titel des Textes nennen sowie die Handlung
> kurz zusammenfassen.

1. **Die sprachlichen Wendungen aus den Beispieltexten können dir dabei helfen.**
Ergänze die passenden Verben aus dem Kasten.

geht ◆ handelt ◆ beschreibt ◆ erzählt

a) Wolfgang Borcherts 1947 erschienene Kurzgeschichte „Die Küchenuhr" _____
von einem jungen Mann, der im Krieg alles, bis auf eine Küchenuhr, verloren hat und
wildfremden auf einer Parkbank sitzenden Leuten von dem materiellem Verlust und dem
Verlust seiner Familie erzählt.

b) In der 1947 erschienenen Kurzgeschichte „Die Küchenuhr" von Wolfgang Borchert
_____ **es um** einen jungen Mann, der im Krieg alles, bis auf eine Küchenuhr,
verloren hat und wildfremden auf einer Parkbank sitzenden Leuten von dem materiellem
Verlust und dem Verlust seiner Familie erzählt.

c) Wolfgang Borchert _____ in seiner 1947 erschienenen Kurzgeschichte „Die
Küchenuhr" **von** einem jungen Mann, der im Krieg alles, bis auf eine Küchenuhr, verloren
hat und wildfremden auf einer Parkbank sitzenden Leuten von dem materiellem Verlust
und dem Verlust seiner Familie erzählt.

d) In der 1947 erschienenen Kurzgeschichte „Die Küchenuhr" _____ Wolfgang
Borchert, **wie** ein junger Mann, der im Krieg alles, bis auf eine Küchenuhr, verloren hat,
wildfremden auf einer Parkbank sitzenden Leuten von dem materiellem Verlust und dem
Verlust seiner Familie erzählt.

2. **Verfasse zu der folgenden Kurzgeschichte „Das Brot" von Wolfgang Borchert**
einen Einleitungssatz für eine Inhaltsangabe. Achte dabei auf die Grammatik und
alle inhaltlich notwendigen Bestandteile.

Das Brot

Wolfgang Borchert

(1946)

Plötzlich wachte sie auf. Es war halb drei.

Sie überlegte, warum sie aufgewacht war. Ach so! In der Küche hatte jemand gegen einen Stuhl gestoßen. Sie horchte nach der Küche. Es war still. Es war zu still und als sie mit der Hand über das Bett neben sich fuhr, fand sie es leer. Das war es, was es so besonders still gemacht hatte: sein Atem fehlte. Sie stand auf und tappte durch die dunkle Wohnung zur Küche. In der Küche trafen sie sich. Die Uhr war halb drei. Sie sah etwas Weißes am Küchenschrank stehen. Sie machte Licht. Sie standen sich im Hemd gegenüber. Nachts. Um halb drei. In der Küche.

Auf dem Küchentisch stand der Brotteller. Sie sah, dass er sich Brot abgeschnitten hatte. Das Messer lag noch neben dem Teller. Und auf der Decke lagen Brotkrümel. Wenn sie abends zu Bett gingen, machte sie immer das Tischtuch sauber. Jeden Abend. Aber nun lagen Krümel auf dem Tuch. Und das Messer lag da. Sie fühlte, wie die Kälte der Fliesen langsam an ihr hochkroch. Und sie sah von dem Teller weg.

„Ich dachte, hier wäre was", sagte er und sah in der Küche umher.

„Ich habe auch was gehört", antwortete sie und dabei fand sie, daß er nachts im Hemd doch schon recht alt aussah. So alt wie er war. Dreiundsechzig. Tagsüber sah er manchmal jünger aus. Sie sieht doch schon alt aus, dachte er, im Hemd sieht sie doch ziemlich alt aus. Aber das liegt vielleicht an den Haaren. Bei den Frauen liegt das nachts immer an den Haaren. Die machen dann auf einmal so alt.

„Du hättest Schuhe anziehen sollen. So barfuß auf den kalten Fliesen. Du erkältest dich noch."

Sie sah ihn nicht an, weil sie nicht ertragen konnte, daß er log. Daß er log, nachdem sie neununddreißig Jahre verheiratet waren.

„Ich dachte, hier wäre was", sagte er noch einmal und sah wieder so sinnlos von einer Ecke in die andere, „ich hörte hier was. Da dachte ich, hier wäre was."

„Ich hab auch was gehört. Aber es war wohl nichts." Sie stellte den Teller vom Tisch und schnippte die Krümel von der Decke.

„Nein, es war wohl nichts", echote er unsicher.

Sie kam ihm zu Hilfe: „Komm man. Das war wohl draußen. Komm man zu Bett. Du erkältest dich noch. Auf den kalten Fliesen."

Er sah zum Fenster hin. „Ja, das muss wohl draußen gewesen sein. Ich dachte, es wäre hier."

Sie hob die Hand zum Lichtschalter. Ich muss das Licht jetzt ausmachen, sonst muss ich nach dem Teller sehen, dachte sie. Ich darf doch nicht nach dem Teller sehen. „Komm man", sagte sie und machte das Licht aus, „das war wohl draußen. Die Dachrinne schlägt immer bei Wind gegen die Wand. Es war sicher die Dachrinne. Bei Wind klappert sie immer."

Sie tappten sich beide über den dunklen Korridor zum Schlafzimmer. Ihre nackten Füße platschten auf den Fußboden.

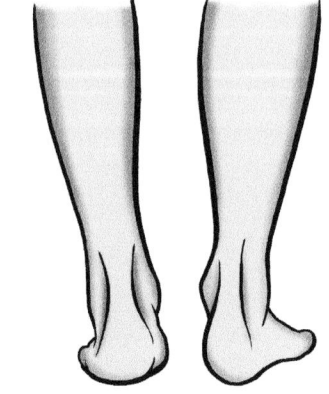

Birgit Lascho: Training Abschlussprüfung Deutsch
© Persen Verlag

„Wind ist ja", meinte er. „Wind war schon die ganze Nacht." Als sie im Bett lagen, sagte sie: „Ja, Wind war schon die ganze Nacht. Es war wohl die Dachrinne."

„Ja, ich dachte, es wäre in der Küche. Es war wohl die Dachrinne." Er sagte das, als ob er schon halb im Schlaf wäre.

Aber sie merkte, wie unecht seine Stimme klang, wenn er log.

„Es ist kalt", sagte sie und gähnte leise, „ich krieche unter die Decke. Gute Nacht."

„Nacht", antwortete er und noch: „ja, kalt ist es schon ganz schön."

Dann war es still. Nach vielen Minuten hörte sie, daß er leise und vorsichtig kaute. Sie atmete absichtlich tief und gleichmäßig, damit er nicht merken sollte, dass sie noch wach war. Aber sein Kauen war so regelmäßig, dass sie davon langsam einschlief.

Als er am nächsten Abend nach Hause kam, schob sie ihm vier Scheiben Brot hin. Sonst hatte er immer nur drei essen können.

„Du kannst ruhig vier essen", sagte sie und ging von der Lampe weg. „Ich kann dieses Brot nicht so recht vertragen. Iß du man eine mehr. Ich vertrag es nicht so gut."

Sie sah, wie er sich tief über den Teller beugte. Er sah nicht auf. In diesem Augenblick tat er ihr leid.

„Du kannst doch nicht nur zwei Scheiben essen", sagte er auf seinen Teller.

„Doch. Abends vertrag ich das Brot nicht gut. Iß man. Iß man."

Erst nach einer Weile setzte sie sich unter die Lampe an den Tisch.

Worterklärungen:

horchen = lauschen, hören, ob sich etwas tut
tappen = sich mit den Füßen vorwärts tasten
schnippen = mit den Fingern wegschießen
echoen = nachsprechen

Konjunktionen zur Verknüpfung von Haupt- und Nebensätzen

Merke

Konjunktionen sind Bindewörter, die Sätze verknüpfen. Mit ihrer Hilfe kannst du Sachverhalte genauer ausdrücken, so dass der Leser oder die Leserin deine Gedanken besser nachvollziehen kann. Dabei musst du zwischen verschiedenen Arten von Konjunktionen unterscheiden. Du findest sie in der unten stehenden Tabelle.

Ergänze bei den Konjunktionen in der rechten Spalte die fehlenden Vokale.

Grammatischer Begriff	Art und Funktion	Konjunktionen
temporal	Gibt das **Zeitverhältnis** an: **Als** *wir losfuhren, schneite es.*	__ls, w__n__ch, n__chd__m, b__s, w__hr__nd, b__v__r, s__b__ld, __h__, w__r____f, s__l__ng__
kausal	Gibt den **Grund** an: *Er schwitzt, **weil** es heiß ist.*	w__l, d__
final	Gibt das **Ziel** oder den **Zweck** an: *Sie rennt, **damit** sie den Bus bekommt.*	d__m__t, __m ... z__
konsekutiv	Gibt die **Folge** an: *Er passt auf, **sodass** nichts passieren kann.*	s__ d__ss, d__ss
konzessiv	Gibt die **Einräumung** an: *Sie spielen draußen, **obwohl** es regnet.*	__bw__hl, __bgl____ch, __bsch__n, w__nngl____ch, w__nn ____ch
konditional	Gibt die **Bedingung** an: *Ich freue mich, **wenn** du gewinnst.*	w__nn, f__lls, s__f__rn
modal	Gibt die **Art und Weise** oder die **Begleitumstände** an: *Du öffnest die Tür, **indem** du nach rechts drehst.*	__nd__m, w__m__t, __hn__ d__ss, w__b____, d__d__rch, d__ss

Birgit Lascho: Training Abschlussprüfung Deutsch
© Persen Verlag

Konjunktionen zur Verknüpfung von Haupt- und Nebensätzen

Füge die passenden Konjunktionen in Satzlücken ein.

während ◆ damit ◆ ehe ◆ so dass ◆ nachdem ◆
wenn ◆ indem ◆ da ◆ obwohl

a) Du kannst gerne vorbeikommen, _____

du Zeit hast.

b) Lara besuchte ihre Mutter, _____

Lara im Kino war.

c) Rainer stieg in die Bahn, _____ er keine Fahrkarte hatte.

d) Du bekommst den Fleck weg, _____ du Reinigungsmittel verwendest.

e) Sie rennt los, _____ sie noch pünktlich kommt.

f) Er sucht eine Straßenkarte, _____ er los fährt.

g) Jana zieht einen Sonnenhut auf, _____ die Sonne scheint.

h) Ahmet bleibt einfach länger in der Disco, _____ er Ärger bekommt.

i) Sein Briefkasten quillt über, _____ Emre im Urlaub ist.

Konjunktionen zur Verknüpfung von Hauptsätzen

Merke

Bei einigen Konjunktionen wie *denn, inzwischen, aber, sondern, dennoch, deshalb, trotzdem, folglich, also, daher, also, deswegen* musst du beim Satzbau aufpassen. Bei ihnen steht im zweiten Satz das Prädikat nicht am Ende wie bei einem Nebensatz, sondern wie bei einem Hauptsatz an zweiter Stelle. Dies liegt daran, dass diese Konjunktionen zwei Hauptsätze miteinander verknüpfen und nicht Haupt- und Nebensatz.

Beispiel: *Ich freue mich, weil ich nach Berlin fahre.*

Hauptsatz + *Nebensatz* ▷ *Prädikat an letzter Stelle*

Ich freue mich, denn ich fahre nach Berlin.

Hauptsatz + *Hauptsatz* ▷ *Prädikat an zweiter Stelle*

Bringe die Satzteile der hinteren Sätze in die richtige Reihenfolge und notiere sie auf der Linie. Achte dabei auf die Konjunktionen. Achtung, es sind auch Konjunktionen dabei, die einen Nebensatz einleiten!

a) Sie wartet auf ihn, (er – aber – nicht – kommt)

   Sie wartet auf ihn, _____ .

b) Er trinkt etwas, (Durst – er – da – hat)

   Er trinkt etwas, _____ .

c) Udo läuft nicht los, (Ute – sondern – auf – wartet – er)

   Udo läuft nicht los, _____ .

d) Es regnet, (aus – Wandertag – fällt – also – der)

   Es regnet, _____ .

e) Er war schon einmal hier, (Weg – weiß – er – den – daher)

   Er war schon einmal hier, _____ .

f) Es fällt ihm nicht leicht, (bemüht – sich – trotzdem – er)

   Es fällt ihm nicht leicht, _____ .

Birgit Lascho: Training Abschlussprüfung Deutsch
© Persen Verlag

Sprachbausteine zum Formulieren einer Interpretationshypothese

Merke
Bei einer Textinterpretation und -analyse musst du im Anschluss an die Inhaltsangabe immer eine Interpretationshypothese entwickeln. Das bedeutet, du stellst
eine Vermutung darüber auf, was der Autor mit seinem Text aussagen möchte.

1. **Welche Wortbausteine passen in die Satzlücke? Ergänze die Sätze.**

   Tipp: Die Zahl der Buchstaben ist vorgegeben. Ö und ü gelten als ein Buchstabe.

> **möchte ... veranschaulichen ◆ möchte ... aufzeigen ◆**
> **möchte verdeutlichen ◆ möchte ... darauf aufmerksam machen**

a) Wolfgang Borchert _ _ _ _ _ _ mit seiner Kurzgeschichte „Die Küchenuhr"

   wahrscheinlich _ _ _ _ _ _ _ _ _, welche schrecklichen Folgen der Krieg

   für den Einzelnen hat.

b) Mit seiner Kurzgeschichte „Die Küchenuhr" _ _ _ _ _ _ Wolfgang Borchert

   vermutlich _ _ _ _ _ _ _ _ _ _ _ _ _ _ _ _ _ _ _ _ _ _ _,

   welch schrecklichen Folgen der Krieg für den Einzelnen hat.

c) Wolfgang Borchert _ _ _ _ _ _ mit seiner Kurzgeschichte „Die Küchenuhr"

   offenbar _ _ _ _ _ _ _ _ _ _ _ _ _ _ _ _, welche schrecklichen

   Folgen der Krieg für den Einzelnen hat.

d) Mit seiner Kurzgeschichte „Die Küchenuhr" _ _ _ _ _ _ Wolfgang Borchert

   _ _ _ _ _ _ _ _ _ _ _ _ _, welche schrecklichen Folgen der Krieg für den

   Einzelnen hat.

2. **Formuliere eine Interpretationshypothese zu Borcherts Kurzgeschichte „Das Brot".**

Sprachbausteine zur Untergliederung von Texten

Merke
Bei der Interpretation und Analyse eines literarischen Textes wird von dir erwartet,
dass du den Text in mehrere Teile untergliederst.

**Bei der Darstellung deiner Texteinteilung können dir die folgenden Sprachbausteine
helfen. Leider sind sie jedoch zu Wortschlangen verschmolzen.**
a) Trenne die einzelnen Wörter durch Striche voneinander ab.
b) Schreibe die einzelnen Satzbausteine auf.

① DieGeschichtelässtsichindreiTeileuntergliedern.Dabei
reichtderEinleitungsteilvonZeile...bis...,derHauptteil
vonZeile...bis...undderSchlussteilvonZeile...bis...

_____

_____

_____

② DieGeschichtekannmanindreiTeileeinteilen.Dabeireicht
derEinleitungsteilvonZeile...bis...,derHauptteilvonZeile
...bis...undderSchlussteilvonZeile...bisZeile...

_____

_____

_____

③ DieGeschichtekannindreiTeilegegliedertwerden.Dabei
reichtderEinleitungsteilvonZeile...bis...,derHauptteil
vonZeile...bis...undderSchlussteilvonZeile...bis...

_____

_____

_____

Birgit Lascho: Training Abschlussprüfung Deutsch
© Persen Verlag

Sprachbausteine zur Einbindung von Zitaten

Merke

Bei der Analyse und Interpretation von Texten musst du deine Ausführungen oft durch Textzitate belegen. Dabei ist es wichtig, dass du deine Zitate sprachlich richtig in den Satzzusammenhang einbindest.

Ordne die Sprachbausteine den passenden Sätzen grammatisch korrekt zu. Achtung, bei Beispiel a) sind zwei Satzbausteine möglich. Notiere dort beide.

> **was sich durch den Satz ... in Zeile 1 bis 2 belegen lässt ♦**
> **was in Zeile 1 bis 2 deutlich wird, wo er folgendermaßen beschrieben wird: ♦**
> **Mit dem Satz ... in Zeile 1 bis 2 wird angedeutet, dass ... ♦**
> **was man in Zeile 1 bis 2 erkennen kann, in der es über ihn heißt:**

a) Der junge Mann ist vom Krieg gezeichnet,

   1. _____

   2. _____

   „Er hatte ein ganz altes Gesicht, aber wie er ging, daran sah man, dass er erst zwanzig

   war".

b) Der junge Mann ist vom Krieg gezeichnet, _____

   „Er hatte ein ganz altes Gesicht, aber wie er ging, daran sah man, dass er erst zwanzig

   war" _____.

c) _____ „Er hatte ein ganz altes

   Gesicht, aber wie er ging, daran sah man, dass er erst zwanzig

   war" _____

   der junge Mann vom Krieg gezeichnet ist.

Birgit Lascho: Training Abschlussprüfung Deutsch
© Persen Verlag

Sprachbausteine zur Zusammenfassung einer Textanalyse und -interpretation

Merke
Bei einer Textanalyse und -interpretation musst du am Schluss deine
Ausführungen zusammenfassen und ein Fazit ziehen.

Bei der Formulierung des Schlussteils helfen dir die folgenden sprachlichen Wendungen. Leider sind die Wörter jedoch durcheinandergeraten. Notiere die Wörter in der richtigen Reihenfolge.

Beispiel: *Fazit – feststellen – als – , dass ... – sich – lässt*
         ▷ *Als Fazit lässt sich feststellen, dass ...*

a) sagen – man – Folglich – , dass ... – kann

_____

b) lässt – , dass ... – Fazit – sagen – Als – sich

_____

c) demnach – Abschließend – man – sagen – kann – , dass ...

_____

d) , dass ... – kann – Zusammenfassend – man – feststellen

_____

e) lässt – Abschließend – , dass ... – sich – feststellen

_____

f) , dass ... – lässt – Zusammenfassend – sagen – sich

_____

g) kann – gelangen – dem – , dass ... – Schluss – Demnach – zu – man

_____

Birgit Lascho: Training Abschlussprüfung Deutsch
© Persen Verlag

Sprachbausteine zur Wiedergabe der Meinung/Aussage einer anderen Person

Verwandle die Sätze in die indirekte Rede. Bilde dazu „dass-Sätze" und verwende die in Klammern angegebenen sprachlichen Wendungen. Schreibe deine Ergebnisse auf einen extra Zettel.

Beispiel: *(meinen) Karla Feldmann: „In Deutschförderkursen dürfen nur dafür ausgebildete Lehrkräfte unterrichten".*

▷ *Karla Feldmann meint, dass in Deutschförderkursen nur dafür ausgebildete Lehrkräfte unterrichten dürfen.*

a) Herbert Kleinfeld: „Die Anzahl der Jugendlichen, die die Schule ohne Bildungsabschluss verlassen, muss unbedingt gesenkt werden". (fordern)

b) Ulla Hennig: „Eine bessere finanzielle Ausstattung der Schulen führt nicht allein zu besseren Bildungserfolgen". (bezweifeln)

c) Ersan Bilal: „Die Klassengrößen in sozialen Brennpunktgebieten müssen kleiner werden". (die Forderung aufstellen)

d) Bernd Vogel: „Die wenigsten Schulen sind baulich auf den geplanten Ganztagsbetrieb ausgelegt". (kritisieren)

e) Lara Klein: „Nächstes Jahr werden nicht mehr Lehrkräfte eingestellt". (Zweifel daran hegen)

f) Esra Yilmaz: „Die Zahl der Förderkurse soll erhöht werden". (vorschlagen)

g) Ahmet Demir: „Die Anzahl der Förderkurse ist zu gering". (feststellen)

h) Ruth Lewin: „Die Maßnahme wird nichts bringen". (vermuten)

Stellung zur Meinung einer anderen Person nehmen

Im Gegensatz zu *Herrn Meier* denke ich ... ◆ Darin pflichte ich *Herrn Meier* bei ... ◆ Ich kann *Herrn Meiers* Aussage nur zum Teil nachvollziehen ... ◆ Wie *Herr Meier* vertrete ich die Auffassung ... ◆ Ich halte *Herrn Meiers* Forderung nur zum Teil für berechtigt ... ◆ Ich bin derselben Meinung wie *Herr Meier* ... ◆ Ich denke hier genauso wie *Herr Meier* ... ◆ Ich kann *Herrn Meiers* Ausführungen nur bedingt zustimmen ... ◆ Wie *Herr Meier* denke ich ... ◆ Anders als *Herr Meier* vertrete ich die Auffassung ... ◆ Ich bin derselben Meinung wie *Herr Meier* ... ◆ Im Gegensatz zu *Herrn Meier* meine ich ... ◆ Ich kann *Herrn Meier* hierin nur teilweise zustimmen ...

a) **Sprachbausteine, um der Meinung einer anderen Person zuzustimmen:**
   Beispiel: Hierin kann ich mich Herrn Meier nur anschließen ...

_____

_____

_____

_____

b) **Sprachbausteine, um der Meinung einer anderen Person teilweise zuzustimmen:**
   Beispiel: Ich kann Herrn Meiers Argumentation nur zum Teil folgen ...

_____

_____

_____

_____

c) **Sprachbausteine, um die Meinung einer anderen Person abzulehnen:**
   Beispiel: Anders als Herr Meier bin ich der Auffassung ...

_____

_____

_____

_____

Birgit Lascho: Training Abschlussprüfung Deutsch
© Persen Verlag

Sprachbausteine zur Themenformulierung im Einleitungsteil einer Erörterung

Merke

Bei einer Erörterung musst du im Einleitungsteil immer das Thema formulieren. Die folgenden Sprachbausteine helfen dir dabei.

Bringe die Sprachbausteine in die richtige Reihenfolge. Schreibe sie anschließend auf die dafür vorgesehene Linie.

In der Presse sind immer wieder Berichte über Schulen zu lesen, die die Einführung einer Schuluniform erproben wollen ...

a) ... (hinterfragen – Deshalb – möchte – im Folgenden – ich)

_____ ,

ob die Einführung von Schuluniformen an hessischen Schulen sinnvoll ist oder nicht.

b) ... (ich – der Frage nachgehen – Daher – im Folgenden – möchte)

_____ ,

ob die Einführung von Schuluniformen an hessischen Schulen sinnvoll ist oder nicht.

c) ... (im Folgenden – näher beleuchten – möchte – Aus diesem Grund – ich)

_____ ,

ob die Einführung von Schuluniformen an hessischen Schulen sinnvoll ist oder nicht.

d) ... (mit der Frage – Deswegen – ich mich – im Folgenden – möchte – auseinandersetzen)

_____ ,

ob die Einführung von Schuluniformen an hessischen Schulen sinnvoll ist oder nicht.

e) ... (diskutiert werden – im Folgenden – Aus diesem Grund – soll)

_____ ,

ob die Einführung von Schuluniformen an hessischen Schulen sinnvoll ist oder nicht.

Sprachbausteine zur Abgrenzung der Pro- und Kontra-Argumente im Hauptteil einer Erörterung

Merke

Im Hauptteil einer Erörterung fasst du deine Pro- und Contra-Argumente in Blöcken zusammen. Mithilfe der folgenden sprachlichen Wendungen kannst du diese Argumentationsblöcke wirkungsvoll voneinander abgrenzen.

Die sprachlichen Wendungen sind zu Wortschlangen verschmolzen. Zerlege sie deshalb in einzelne Wörter und notiere sie auf einem extra Blatt.

a) EsgibtjedochauchArgumente,diesichfür/gegendieEinführungvon Schuluniformenanführenlassen.

_____

b) AufderanderenSeitegibtesjedochauchArgumente,diefür/gegendie EinführungvonSchuluniformenvorgebrachtwerdenkönnen.

_____

c) AndererseitsgibtesjedochauchArgumente,diefür/gegendie EinführungvonSchuluniformensprechen.

_____

d) DochmankanndieEinführungvonSchuluniformen nichtnurpositiv/negativbetrachten.Esgibtauch Argumente,diedafür/dagegensprechen.

_____

_____

e) EsgibtjedochauchArgumente,diefür/gegendie EinführungvonSchuluniformenangeführtwerden können.

_____

_____

_____

Birgit Lascho: Training Abschlussprüfung Deutsch
© Persen Verlag

Sprachbausteine für die Formulierung des Schlussteils einer Erörterung

Merke

Am Beginn des Schlussteils einer Erörterung musst du die im Hauptteil genannten Pro- und Kontra-Argumente gegeneinander abwägen und ein Fazit ziehen. Die folgenden sprachlichen Wendungen können dir dabei behilflich sein.

Die Wendungen sind jedoch spiegelverkehrt gedruckt. Entziffere sie und notiere sie auf einem extra Blatt.

a) ... ssad, hcilteud driw os, ba rednanienegeg etnemugrA eid denßeilhcsba nam tgäW

_____

b) ... ssad, negnaleg gnussaffuA red uz nam ssum os, rebünegeg etnemugrA eid dneßeilhcsba nam tlletS

_____

_____

c) ... ssad, gnureglofssulhcS red uz nam tmmok os, etnemugrA eid denßeilhcsba nam tethcarteB

_____

d) ... ssad, gituednie nam theis os, neguA rov etnemugrA eid denßeilhcsba hcis nam trhüF

_____

e) ... ssad, gnureglofssulhcS red uz nam tgnaleg os ,nereissap euveR etnemugrA eid denßeilhcsba nam tssäL

_____

f) ... ssad, gnureglofssulhcS red uz osla nam tmmok etnemugrA red gnugäwbA red ieB

_____

Sprachbausteine für den Einleitungsteil eines Bewerbungsanschreibens

Die Texte zeigen verschiedene Einleitungsmöglichkeiten eines Bewerbungsanschreibens. Ergänze die Lücken durch passende Wörter aus dem Kasten.

> mich ◆ einen ◆ den ◆ Ihre ◆ des ◆ einen ◆ Ihrer ◆ des ◆ einem ◆ diese ◆ mich ◆ den ◆ Ihnen ◆ mich ◆ des ◆ die ◆ Ihre ◆ einen ◆ unserem ◆ diese ◆ mir ◆ Ihnen ◆ diesen ◆ Ihre ◆ den ◆ mich ◆ Ihre ◆ einen ◆ Ihre

a) Sehr geehrter Herr Wagner,

am 29.09.09 habe ich _____ Anzeige im Igstädter Blatt gelesen, dass _____ Behörde

für das kommende Jahr _____ Ausbildungsplatz für ___ Beruf ____ Landschaftsgärtners

zu vergeben hat. Hiermit möchte ich _____ für _____ Ausbildungsplatz bewerben.

b) Sehr geehrter Herr Wagner,

auf der Homepage _____ Behörde habe ich gesehen, dass _____ Behörde für

das kommende Jahr _____ Ausbildungsplatz für _____ Beruf ____ Landschafts-

gärtners anbietet. Dafür möchte ich _____ hiermit bewerben.

c) Sehr geehrter Herr Wagner,

von _____ Freund habe ich erfahren, dass _____ Behörde für das kommende

Jahr _____ Ausbildungsplatz für _____ Beruf ____ Landschaftsgärtners

anbietet. Hiermit möchte ich _____ für _____ Ausbildung bei _____ bewerben.

d) Sehr geehrter Herr Wagner,

in _____ gestrigen Telefongespräch haben Sie _____ mitgeteilt, dass _____

Behörde für das kommende Jahr wieder _____ Ausbildungsplatz für _____ Aus-

bildung als Landschaftsgärtner zur Verfügung stellt. Von daher möchte ich _____,

wie bereits angedeutet, für _____ Ausbildung bei _____ bewerben.

Birgit Lascho: Training Abschlussprüfung Deutsch
© Persen Verlag

Sprachbausteine für die Begründung des Berufswunsches

Vervollständige den Text mit den passenden Wörtern aus dem Kasten. Vermeide es dabei, die Konjunktionen „weil" und „weshalb" an den Satzanfang zu stellen. Achtung, bei den Lücken, die mit einem Stern markiert sind, gibt es mehrere Möglichkeiten.

Deswegen ◆ Aus diesem Grund ◆ weshalb ◆ Da ◆
Deshalb ◆ Daher ◆ weil ◆ Denn

Warum ich Landschaftsgärtner/-in werden möchte

_____ ich mich von klein auf schon immer für die Natur interessiert habe und meinen Eltern

gerne im Garten helfe, möchte ich mich gerade für diesen Ausbildungsberuf bewerben.

_____ ich arbeite gerne im Freien. Schlechtes Wetter macht mir nichts aus. Zudem

habe ich Freude daran, gestalterisch tätig zu sein, _____ ich dabei meine Kreativität

entfalten kann. Außerdem arbeite ich gerne mit anderen im Team und berate gerne andere

Leute. _____ möchte ich gerade diesen Beruf erlernen.

Des Weiteren habe ich bereits mein Schulpraktikum bei einer Landschafts- und Gartenbau-

firma gemacht, _____ ich schon einen guten Einblick in die Arbeit eines Land-

schaftsgärtners bekommen habe. _____ weiß ich auch von

meinen damaligen Kollegen, dass man alle Baum- und Pflanzennamen wissen und somit

lernen muss. Für Biologie habe ich jedoch schon immer gerne gelernt.

_____

denke ich, dass mir das Lernen leicht fallen

wird und ich auch in der Theorie erfolgreich

sein werde.

_____

denke ich, dass der Beruf zu mir passt.

Sprachbausteine zum Ausdruck einer vollziehenden Handlung

Merke

In der Berufswelt musst du beim Schriftverkehr mit anderen Personen häufig um etwas bitten, ihnen etwas bestätigen, ihre Anliegen aufnehmen oder zurückweisen. Die folgenden Sprachbausteine helfen dir dabei.

Bringe die einzelnen Wörter in die richtige Reihenfolge und notiere die Sprachbausteine auf der Linie darunter.

a) beantragen – Hiermit – Wohngeld – ich – möchte

_____

b) Antrag – möchte – zur – stellen – Hiermit – einen – ich – Gewährung von Urlaub

_____

c) ich – Hiermit – , dass Emre Demirel einen Pass beantragt hat – bestätige

_____

d) den Eingang – ich – Ihres Antrages – bestätige – auf Fahrtkostenerstattung – Hiermit

_____

e) die Erlaubnis – ich – Hiermit – , einen Kiosk zu eröffnen – erteile – Ihnen

_____

f) ich – Hiermit – Antrag auf – statt – Kindergeld – gebe – Ihrem

_____

g) zurück – Ihren Antrag – Hiermit – ich – auf Steuerermäßigung – weise

_____

h) auf – ich – Bescheid – hebe – Hiermit – wegen Falschparkens – Ihren

_____

Birgit Lascho: Training Abschlussprüfung Deutsch
© Persen Verlag

Anredepronomen von Personalpronomen unterscheiden

Merke

Beim Schriftverkehr in der Berufswelt musst du darauf achten, das Anredepronomen (Sie) und die dazugehörigen Possessivpronomen (Ihr, Ihre) von den
Personalpronomen (sie) und den dazugehörigen Possessivpronomen (ihr, ihre) zu
unterscheiden. Denn nur die Anredepronomen und die dazugehörigen Possessivpronomen werden großgeschrieben.

Beispiele: ***Herr Müller, ich bitte Sie, Ihren Fuß von meinem Grundstück zu
nehmen ▷ Anrede***

***Da kamen Kinder. Ich bat sie, ihre Füße von meinem Grundstück
zu nehmen ▷ Personalpronomen***

**Ergänze die fehlenden Buchstaben. Achte dabei auf die richtige Groß- und Klein-
schreibung.**

Sehr geehrter Herr Blaufuß,

wir können __hren Ärger gut verstehen und bitten __ie nochmals, die fehlerhafte Lieferung

zu entschuldigen. Selbstverständlich schicken wir das Paket an __ie mit den zwei Hosen

noch heute heraus, damit __ie __ie schnell bekommen. Unsere Mitarbeiterin hat __hr Bestes

gegeben und __ie für __ie schon verpackt, so dass __ie hoffentlich nicht mehr lange warten

müssen, bis __ie kommen und __hre bestellte Ware damit bei __hnen eintrifft. Daher hoffe

ich, __ie auch weiterhin zum Kreis unserer Kunden zählen zu dürfen. Unsere Mitarbeiterin

möchte sich auch noch einmal für __hr Missgeschick entschuldigen, das __hr unterlaufen

ist, und __ie hofft, dass __hr beim nächsten Mal kein Fehler beim Abpacken unterläuft und

__ie sofort die richtige von __hnen bestellte Ware erhalten.

Mit freundlichen Grüßen

Ulrich Wagner

Sprachbausteine für den Einleitungsteil einer Schaubildanalyse

Merke

Bei einer Schaubildanalyse musst du im ersten Satz erklären, was inhaltlich dargestellt ist. Dabei helfen dir die folgenden Sprachbausteine.

Trenne die einzelnen Wörter durch senkrechte Striche voneinander. Schreibe sie anschließend in der richtigen Reihenfolge auf die Linie.

a) DasvorliegendeSäulendiagrammzeigt...

_____

b) IndemvorliegendenSäulendiagrammist...dargestellt.

_____

c) DasvorliegendeSäulendiagrammgibtAuskunftüber...

_____

d) DemvorliegendenSäulendiagrammkannman...entnehmen.

_____

e) AusdemvorliegendenSäulendiagrammlässtsich...ablesen.

_____

f) DasvorliegendeSäulendiagrammveranschaulicht...

_____

... die durchschnittliche Höhe des monatlichen Taschengeldes von Mädchen und Jungen einer siebten Realschulklasse im Jahre 2009.

Merke

Je nachdem, welcher Art das Diagramm ist, das du beschreiben möchtest, kannst du statt des Wortes „Säulendiagramm" auch die Wörter „Balkendiagramm" oder „Kreisdiagramm" benutzen.

Birgit Lascho: Training Abschlussprüfung Deutsch
© Persen Verlag

Sprachbausteine für die nähere Beschreibung eines Schaubildes

Merke

Nach dem einleitenden Satz musst du das Schaubild näher erläutern. Die folgenden Sprachbausteine können dir bei deiner Schaubildanalyse helfen.

a) **Die Satzanfänge sind zu Wortschlangen verschmolzen. Entschlüssele sie und schreibe sie auf die dafür vorgesehenen Linien.**

b) **Fülle außerdem die Lücken im Text mit den passenden Wörtern oder Zahlen aus dem Kasten. Orientiere dich dazu an dem Schaubild unten auf der Seite.**

> fünf ◆ Jungen ◆ mehr ◆ Mädchen ◆ fünf ◆ Mädchen ◆
> 25 ◆ weniger ◆ 30 ◆ Mädchen ◆ 25 ◆ Mädchen ◆ Jungen

① MankanndemDiagrammentnehmen,dass ▷ _____

_____ die _____ der befragten Realschulklasse durchschnittlich

_____ Euro _____ Taschengeld bekommen als ihre männlichen Altersgenossen.

Denn die interviewten _____ erhalten durchschnittlich 30 Euro Taschengeld,

während die _____ durchschnittlich nur _____ Euro im Monat kriegen.

② AusdemDiagrammkannmanablesen,dass ▷ _____

_____ die Jungen der interviewten Realschulklasse durchschnittlich

_____ Euro _____ Taschengeld pro Monat erhalten als die _____.

So bekommen die _____

nur _____ Euro Taschengeld

pro Monat, wohingegen

die _____

_____ Euro Taschengeld

bekommen.

Durchschnittliches monatliches Taschengeld von Mädchen und Jungen einer siebten Realschulklasse im Jahr 2009

Mädchen

Jungen

Geschlecht

0   5   10   15   20   25   30   35   40
Euro

Sprachbausteine zur abschließenden Zusammenfassung bei einer Schaubildanalyse

Merke

Nach der genaueren Beschreibung eines Schaubildes musst du die Aussage des Schaubildes abschließend zusammenfassen. Die folgenden Sprachbausteine kannst du dabei anwenden.

a) **Entschlüssele die Satzanfänge und notiere sie auf den dafür vorgesehenen Linien.**

b) **Ergänze in den Textlücken die näheren Beschreibungen aus dem Kasten.**

> **fast gleich** ◆ **mehr** ◆ **höher** ◆ **nicht wesentlich voneinander** ◆ **geringfügig mehr** ◆ **geringen**

① wird – Damit – , dass – deutlich ▷ _____

_____ die Höhe des monatlichen Taschengeldes der befragten Jugendlichen

in Bezug auf die Geschlechter _____ abweicht. Die

Mädchen haben gegenüber den Jungen nur einen _____ Vorsprung. Da es

sich um Durchschnittswerte handelt, gibt es sicher auch einzelne Jungen in der Klasse,

deren monatliches Taschengeld _____ sein dürfte als das einiger Mädchen.

② Das – zeigt – Diagramm – , dass ▷ _____

_____ die Höhe des Taschengeldes, was die Geschlechter anbetrifft,

_____ ist. Die Mädchen erhalten nur _____

Taschengeld als die Jungen. Da es sich jedoch um Durchschnittswerte handelt, wird es

auch einzelne Jungen in der Klasse geben, die etwas

_____ Taschengeld bekommen als einzelne

Mädchen.

Birgit Lascho: Training Abschlussprüfung Deutsch
© Persen Verlag

Baustein II: Training grammatischer Grundfertigkeiten

Was kannst du schon und wo hast du noch Übungsbedarf?

1. Ergänze bei folgenden Wörtern den bestimmten Artikel.

_____ Hündchen, _____ Belastbarkeit, _____ Männlein, _____ Überlegung,

_____ Wohnzimmertisch, _____ Klavierhocker, _____ Fernsehgerät,

_____ Telefonanlage, _____ Briefzustellung, _____ Abstellkämmerchen,

_____ Fußballmannschaft, _____ Akkuschrauber

von 12 Punkten

2. Ergänze den fehlenden bestimmten Artikel und das in Klammern stehende Adjektiv im Singular in der grammatisch passenden Form.

a) Die Augen _____ _____ *(klein)* Mädchens leuchten.

b) Sie schickt _____ _____ *(einsam)* Frau eine Karte.

c) Er läuft _____ _____ *(verdächtig)* Mann hinterher.

d) Die Hände _____ _____ *(wütend)* Jungen ballen sich zu Fäusten.

e) Sie liest _____ _____ *(umfangreich)* Bedienungsanleitung.

f) Er fragt nach _____ _____ *(neu)* Sekretärin.

g) _____ _____ *(ängstlich)* Kätzchen flieht unter den Schrank.

h) Er findet _____ _____ *(mollige)* Sekretärin attraktiv.

von 8 Punkten

3. Ergänze die in Klammern stehenden Possessivpronomen und Adjektive in der grammatisch passenden Form.

a) _____ _____ *(mein/klein)* Schwester zieht nach Berlin.

b) Der Reißverschluss _____ _____ *(dein/blau)* Jacke ist kaputt.

c) Ich überreiche _____ _____ *(sein/erfreut)* Mutter das Geschenk.

d) Ich benutze _____ _____ *(dein/alt)* Handy.

e) Er findet _____ _____ *(ihr/golden)* Kette am Boden.

f) _____ _____ *(unser/neu)* Sonnenschirm ist schon kaputt.

g) Die Augen _____ _____ *(dein/jünger)* Tochter sind braun.

h) Ich habe _____ _____ *(sein/neugierig)* Tante eine Lügenschichte

aufgetischt.

von 8 Punkten

Birgit Lascho: Training Abschlussprüfung Deutsch
© Persen Verlag

4. Ergänze das Demonstrativpronomen *dieser, diese, dieses* und das in Klammern stehende Adjektiv im Singular in der grammatisch passenden Form.

a) Mit _____ _____ *(vorlaut)* Frau spreche ich nicht.

b) Die Wünsche _____ _____ *(einsam)* Mannes sind oft seltsam.

b) _____ _____ *(toll)* Poster habe ich mir letzte Woche gekauft.

c) Ich habe _____ _____ *(klein)* Jungen ein Eis gekauft.

d) Die Haare _____ _____ *(alt)* Dame sind getönt.

e) Die Darbietungen _____ _____ *(talentiert)* Mädchens versetzten

   das Publikum in Begeisterung.

f) Über _____ _____ *(unfreundlich)* Verkäufer habe ich mich letzte

   Woche geärgert.

g) Ich nehme _____ _____ *(kurz)* Rock.   **von 8 Punkten**

5. Bilde die dritte Person Singular Präsens zu folgenden Verben.

① essen ▷ er/sie/es _____ ② empfehlen ▷ er/sie/es _____

③ schlafen ▷ er/sie/es _____ ④ dürfen ▷ er/sie/es _____

⑤ sterben ▷ er/sie/es _____ ⑥ backen ▷ er/sie/es _____

⑦ lesen ▷ er/sie/es _____ ⑧ sein ▷ er/sie/es _____

⑨ nehmen ▷ er/sie/es _____ ⑩ verderben ▷ er/sie/es _____

⑪ erlöschen ▷ er/sie/es _____ ⑫ schlagen ▷ er/sie/es _____

von 12 Punkten

6. Bilde die dritte Person Singular Präteritum zu folgenden Verben.

① bitten ▷ er/sie/es _____ ② schlagen ▷ er/sie/es _____

③ brennen ▷ er/sie/es _____ ④ reißen ▷ er/sie/es _____

⑤ sinken ▷ er/sie/es _____ ⑥ riechen ▷ er/sie/es _____

⑦ werben ▷ er/sie/es _____ ⑧ fließen ▷ er/sie/es _____

⑨ mögen ▷ er/sie/es _____ ⑩ belügen ▷ er/sie/es _____

⑪ schreiben ▷ er/sie/es _____ ⑫ rufen ▷ er/sie/es _____

von 12 Punkten

7. Ergänze bei den folgenden Perfekt- und Plusquamperfektformen jeweils das Partizip II des in Klammern stehenden Verbs.

er hat _____ *(pfeifen)*   sie war _____ *(rennen)*

es hatte _____ *(finden)*   er hatte _____ *(anbieten)*

sie hatte _____ *(gewinnen)*   es hat _____ *(sprechen)*

er ist _____ *(kriechen)*   er hatte _____ *(treffen)*

sie hat _____ *(schneiden)*   es hat _____ *(schließen)*

es hat _____ *(beißen)*   sie hat _____ *(schreien)*

☐ **von 12 Punkten**

8. Ergänze die fehlenden Konjunktiv II-Formen der Verben in der dritten Person Plural.

Wenn sie viel Geld hätten, ...

a) _____ *(besitzen)* sie eine Zweitwohnung.

b) _____ *(können)* sie sich vieles leisten.

c) _____ *(kommen)* teure Anschaffungen eher infrage.

d) _____ *(geben)* ihre Kinder das Taschengeld oft für Unsinn aus.

e) _____ *(müssen)* sie weniger sparen.

f) _____ *(liegen)* sie öfter faul im Garten.

g) _____ *(wissen)* sie manchmal nicht, wohin mit dem vielen Geld.

h) _____ *(fahren)* sie öfter in den Urlaub.

☐ **von 8 Punkten**

Birgit Lascho: Training Abschlussprüfung Deutsch
© Persen Verlag

9. **Der folgende Text steht in der indirekten Rede. Ergänze die fehlenden Konjunktiv-formen der in Klammern stehenden Verben. Entscheide, ob du den Konjunktiv I oder II-Form oder die Ersatzform mit „würde" + Infinitiv verwenden musst. Kennzeichne überflüssige Lücken mit einem Strich.**

Gegen die geplante Einstellung der Jugendarbeit in Bergdorf wandte der Jugendbetreuer

Reinhold Becker ein, dass er diese Idee für wenig sinnvoll _____ _____

(halten), da die Jugendlichen dann keine Möglichkeit mehr _____ _____

(haben), ihre Freizeit freitagnachmittags im Jugendhaus zu verbringen. Denn Freitag-

nachmittag _____ es kein Nachmittagsangebot des Schulzentrums _____

(geben). Zudem _____ die Jugendlichen den Jugendkeller nicht ohne Aufsicht

nutzen _____ *(dürfen)*. Folglich _____ die Jugendlichen nicht

_____ *(wissen)*, was sie treiben sollten, und _____ auf der Straße

herum _____ *(hängen)*. Im Extremfall _____ sie womöglich

Unsinn _____ *(machen)*. Aus diesem Grund _____ Becker der

Gemeindeverwaltung _____ *(raten)*, auf die angedachte Schließung des

Jugendzentrums zu verzichten.

von 8 Punkten

Anleitung zur Kontrolle und Auswertung:
Wie gut bin ich in Grammatik?

Den Lernausgangstest kannst du selbst mithilfe der **Lösungsseiten** kontrollieren. Du kannst ihn aber auch durch jemand anderen kontrollieren lassen, zum Beispiel durch deinen Tischnachbarn oder deine Tischnachbarin. Wichtig ist, dass der Test **sorgfältig kontrolliert** wird.

Nach der Fehlerkontrolle müssen bei jeder Aufgabe die richtigen Lösungen zusammengezählt werden. Dabei erhältst du für jede richtige Lösung einen Punkt. Danach überträgst du die Punktzahlen für die einzelnen Aufgaben in die Leistungstabelle auf der nächsten Seite.

Nun suchst du aus der Übersicht unten den jeweiligen Kommentar zum Leistungsstand für deine **Punktzahlen** heraus.

Trage die für dich geltenden Kommentare in die Leistungstabelle ein. So kannst du sehen, welche grammatischen Bereiche du schon beherrscht und wo du unbedingt noch üben musst.

Das ist mein Leistungsstand

Aufgaben 1 und 5–7	
12 Punkte	Spitze, das kannst du prima!
11 Punkte	In Ordnung, das kannst du einigermaßen!
9 – 10 Punkte	Hier solltest du noch etwas üben!
6 – 8 Punkte	Hier solltest du noch üben!
0 – 7 Punkte	Hier musst du unbedingt noch üben!

Aufgaben 2–4 und 8	
8 Punkte	Spitze, das kannst du prima!
7 Punkte	In Ordnung, das kannst du einigermaßen!
6 Punkte	Hier solltest du noch etwas üben!
5 Punkte	Hier solltest du noch üben!
4 Punkte	Hier musst du unbedingt noch üben!

Birgit Lascho: Training Abschlussprüfung Deutsch
© Persen Verlag

Leistungstabelle – Das kann ich schon

Aufgabe Nr.	Aufgabeninhalt	Punkt-zahl	Leistungsstand
1	Artikel		
2	Deklination von Artikeln, Adjektiven und Nomen		
3	Deklination von Possessiv-Pronomen, Adjektiven und Nomen		
4	Deklination von Demonstrativprono-men, Adjektiven und Nomen		
5	Konjugation unre-gelmäßiger Verben im Präsens		
6	Konjugation unre-gelmäßiger Verben im Präteritum		
7	Konjugation unre-gelmäßiger Verben im Perfekt und Plusquamperfekt		
8	Konjugation unre-gelmäßiger Verben im Konjunktiv II		
9	Konjugation unre-gelmäßiger Verben im Konjunktiv I, II und der Ersatzform „würde" + Infinitiv bei der indirekten Rede		

Birgit Lascho: Training Abschlussprüfung Deutsch
© Persen Verlag

Umgang mit dem Wörterbuch – Hilfe bei grammatischen Fragen

Mit einem Wörterbuch, das du auch bei Klassenarbeiten und Prüfungen zum Nachschlagen benutzen darfst, kannst du dir bei folgenden Unsicherheiten selbst helfen:

▶ **Finden des richtigen Artikels,** denn bei allen Nomen wird das Geschlecht angegeben.
Hinweis: In der Regel steht die Angabe des Artikels oder Geschlechts direkt hinter dem Nomen. Der Duden führt sogar gleich den Artikel *der*, *die* oder *das* an. Bei anderen Wörterbüchern kann stattdessen aber auch *m, f* oder *n* stehen.
Dabei steht *m* für *maskulinum,* was männlich bedeutet, also den Artikel *der* erfordert, *f* für *femininum,* was weiblich bedeutet, also den Artikel *die* verlangt. Die Abkürzung *n* steht für *neutrum,* was sächlich bedeutet, also den bestimmten Artikel *das* beansprucht.

> *Achtung: Um bei zusammengesetzten Nomen Informationen zu finden, musst du unter dem Grundwort, dem letzten Bestandteil des zusammengesetzten Wortes, nachschlagen.*

> *Beispiel: für „Blumenvase" unter „Vase"*
> *für „Bilderrahmen" unter „Rahmen"*

▶ **Finden der Genitivform im Singular** (Einzahl) und der **Pluralform** (Mehrzahl).
Hinweis: Hier wird normalerweise erst die Endung für die Genitivform im Singular angegeben, bevor die Endung der Pluralform oder die ganze Pluralform gezeigt wird.

> *Achtung: Nicht alle Wörterbücher bieten wie der Duden immer die Pluralform sowie die Singularform im Genitiv an. Deshalb achte bei der Auswahl deines Wörterbuches darauf, ob diese Angaben vorhanden sind.*

▶ **Finden der Verbformen bei unregelmäßigen Verben.**
Hinweis: Im Duden sind folgende Formen angegeben: die zweite Person Singular im Präsens, im Präteritum, im Konjunktiv sowie das Partizip, das du für die Bildung weiterer Zeitformen benötigst.

> *Achtung: Bei anderen Wörterbüchern können sich diese Formen auch im Anhang befinden.*

> *Beispiel: laufen ▷ du läufst, du liefst, du liefest, du bist gelaufen*

Birgit Lascho: Training Abschlussprüfung Deutsch
© Persen Verlag

Umgang mit dem Wörterbuch – Hilfe bei grammatischen Fragen

1. **Finde mithilfe eines Wörterbuchs das Geschlecht folgender Nomen heraus und notiere sie mit dem dazugehörigen Artikel auf der darunter stehenden Linie.**

   a) Eisenbahnwaggon   b) Kinderwagenverdeck

   _____   _____

   c) Blumenladentür   d) Fahrradgepäckträger

   _____   _____

2. **Suche die Partizip-Perfekt-Form (Partizip II) der folgenden unregelmäßigen Verben heraus. Benutze dazu ein Wörterbuch.**

   Beispiel: weinen ▷ geweint

   a) finden   b) bitten   c) schieben

   _____   _____   _____

3. **Erschließe die Konjunktiv II –Formen in der dritten Person Plural zu folgenden unregelmäßigen Verben. Nimm ein Wörterbuch zu Hilfe und schreibe sie auf. Achtung: Bei einem Wort gibt es zwei Möglichkeiten!**

   Beispiel: fahren ▷ sie führen

   a) bieten   b) kommen   c) stehen

   sie _____   sie _____   sie _____

Verben von befehlen bis fliegen

Infinitiv	Präsens 3. Person Singular	Präteritum 3. Person Singular	Partizip II
befehlen	befiehlt	befahl	befohlen
beginnen	beginnt	begann	begonnen
beißen	beißt	biss	gebissen
bergen	birgt	barg	geborgen
biegen	biegt	bog	gebogen
bieten	bietet	bot	geboten
binden	bindet	band	gebunden
bitten	bittet	bat	gebeten
blasen	bläst	blies	geblasen
bleiben	bleibt	blieb	geblieben
braten	brät	briet	gebraten
brechen	bricht	brach	gebrochen
brennen	brennt	brannte	gebrannt
bringen	bringt	brachte	gebracht
denken	denkt	dachte	gedacht
dürfen	darf	durfte	gedurft
empfehlen	empfiehlt	empfahl	empfohlen
erlöschen	erlischt	erlosch	erloschen
essen	isst	aß	gegessen
fahren	fährt	fuhr	gefahren
fallen	fällt	fiel	gefallen
fangen	fängt	fing	gefangen
fechten	ficht	focht	gefochten
finden	findet	fand	gefunden
flechten	flicht	flocht	geflochten
fliegen	fliegt	flog	geflogen

Birgit Lascho: Training Abschlussprüfung Deutsch
© Persen Verlag

Verben von fliehen bis kriechen

Infinitiv	Präsens 3. Person Singular	Präteritum 3. Person Singular	Partizip II
fliehen	flieht	floh	geflohen
fließen	fließt	floss	geflossen
fressen	frisst	fraß	gefressen
frieren	friert	fror	gefroren
gebären	gebiert	gebar	geboren
geben	gibt	gab	gegeben
gehen	geht	ging	gegangen
gelingen	gelingt	gelang	gelungen
genießen	genießt	genoss	genossen
geschehen	geschieht	geschah	geschehen
gewinnen	gewinnt	gewann	gewonnen
gießen	gießt	goss	gegossen
gleichen	gleicht	glich	geglichen
graben	gräbt	grub	gegraben
greifen	greift	griff	gegriffen
haben	hat	hatte	gehabt
halten	hält	hielt	gehalten
hängen	hängt	hing	gehängt/gehangen
heben	hebt	hob	gehoben
heißen	heißt	hieß	geheißen
helfen	hilft	half	geholfen
kennen	kennt	kannte	gekannt
klingen	klingt	klang	geklungen
kommen	kommt	kam	gekommen
können	kann	konnte	gekonnt
kriechen	kriecht	kroch	gekrochen

Birgit Lascho: Training Abschlussprüfung Deutsch
© Persen Verlag

Verben von laden bis scheinen

Infinitiv	Präsens 3. Person Singular	Präteritum 3. Person Singular	Partizip II
laden	lädt	lud	geladen
lassen	lässt	ließ	gelassen
laufen	läuft	lief	gelaufen
leiden	leidet	litt	gelitten
leihen	leiht	lieh	geliehen
lesen	liest	las	gelesen
liegen	liegt	lag	gelegen
lügen	lügt	log	gelogen
meiden	meidet	mied	gemieden
messen	misst	maß	gemessen
misslingen	misslingt	misslang	misslungen
mögen	mag	mochte	gemocht
müssen	muss	musste	gemusst
nehmen	nimmt	nahm	genommen
nennen	nennt	nannte	genannt
pfeifen	pfeift	pfiff	gepfiffen
raten	rät	riet	geraten
reißen	reißt	riss	gerissen
reiten	reitet	ritt	geritten
rennen	rennt	rannte	gerannt
riechen	riecht	roch	gerochen
rufen	ruft	rief	gerufen
saufen	säuft	soff	gesoffen
scheiden	scheidet	schied	geschieden
scheinen	scheint	schien	geschienen

Birgit Lascho: Training Abschlussprüfung Deutsch
© Persen Verlag

Verben von schieben bis stehen

Infinitiv	Präsens 3. Person Singular	Präteritum 3. Person Singular	Partizip II
schieben	schiebt	schob	geschoben
schießen	schießt	schoss	geschossen
schlafen	schläft	schlief	geschlafen
schlagen	schlägt	schlug	geschlagen
schleichen	schleicht	schlich	geschlichen
schließen	schließt	schloss	geschlossen
schmeißen	schmeißt	schmiss	geschmissen
schneiden	schneidet	schnitt	geschnitten
schreiben	schreibt	schrieb	geschrieben
schreien	schreit	schrie	geschrien
schreiten	schreitet	schritt	geschritten
schweigen	schweigt	schwieg	geschwiegen
schwellen	schwillt	schwoll	geschwollen
schwimmen	schwimmt	schwamm	geschwommen
schwören	schwört	schwor	geschworen
sehen	sieht	sah	gesehen
sein	ist	war	gewesen
senden	sendet	sandte	gesandt
singen	singt	sang	gesungen
sinken	sinkt	sank	gesunken
sitzen	sitzt	saß	gesessen
spinnen	spinnt	spann	gesponnen
sprechen	spricht	sprach	gesprochen
springen	springt	sprang	gesprungen
stechen	sticht	stach	gestochen
stehen	steht	stand	gestanden

Verben von stehlen bis zwingen

Infinitiv	Präsens 3. Person Singular	Präteritum 3. Person Singular	Partizip II
stehlen	stiehlt	stahl	gestohlen
steigen	steigt	stieg	gestiegen
sterben	stirbt	starb	gestorben
stinken	stinkt	stank	gestunken
stoßen	stößt	stieß	gestoßen
streichen	streicht	strich	gestrichen
streiten	streitet	stritt	gestritten
tragen	trägt	trug	getragen
treffen	trifft	traf	getroffen
trinken	trinkt	trank	getrunken
tun	tut	tat	getan
verderben	verdirbt	verdarb	verdorben
vergessen	vergisst	vergaß	vergessen
verlieren	verliert	verlor	verloren
wachsen	wächst	wuchs	gewachsen
weben	webt	wob	gewoben
weisen	weist	wies	gewiesen
sich wenden an	wendet sich an	wandte sich an	gewandt
werben	wirbt	warb	geworben
werden	wird	wurde	geworden
werfen	wirft	warf	geworfen
wiegen	wiegt	wog	gewogen
wissen	weiß	wusste	gewusst
wollen	will	wollte	gewollt
ziehen	zieht	zog	gezogen
zwingen	zwingt	zwang	gezwungen

Birgit Lascho: Training Abschlussprüfung Deutsch
© Persen Verlag

Den richtigen Artikel finden – Nomen mit speziellen Endungen

Merke

Bestimmte Nomen besitzen spezielle Endungen, das heißt Endungen, die dir helfen, den Artikel eines Nomens zu erschließen, wenn du unsicher bist.

Bei folgenden Endungen ist der Artikel immer femininum (weiblich):

Endung	Beispiel	Endung	Beispiel
-ung	die Zeitung	-ei	die Bäckerei
-heit	die Freiheit	-tät	die Nationalität
-keit	die Heiterkeit	-tion	die Information
-schaft	die Gesellschaft	-ur	die Natur

Bei folgenden Endungen ist der Artikel immer neutrum (sächlich):

Endung	Beispiel	Endung	Beispiel
-chen	das Kätzchen	-lein	das Männlein

Ergänze die folgenden Endungen entsprechend der Regel.

_____ Universität, _____ Meinung, _____ Freundschaft, _____ Kultur, _____ Brötchen,

_____ Bücherei, _____ Herzlichkeit, _____ Kombination, _____ Kindlein, _____ Leistung,

_____ Gesundheit, _____ Nachbarschaft, _____ Müdigkeit, _____ Rezeption, _____ Leitung,

_____ Mädchen, _____ Nation, _____ Inventur, _____ Schlägerei, _____ Bächlein,

_____ Menschheit, _____ Mannschaft, _____ Qualität, _____ Feigheit, _____ Bildung

Den richtigen Artikel finden – Nomen mit speziellen Endungen

Merke

Einige Nomen können zwei unterschiedliche Artikel besitzen. Je nach Artikel erhält das Nomen dann eine andere Bedeutung.

Beispiel: der Laster ▷ Bedeutung: Lastkraftwagen

das Laster ▷ Bedeutung: Untugend/schlechtes Verhalten

Ergänze die fehlenden Artikel. Im Zweifelsfall schlage im Wörterbuch nach.

a) _____ Band (Schnur)   (◁ ▷) _____ Band (Buch)

b) _____ Bauer (Landwirt)   (◁ ▷) _____ Bauer (Vogelkäfig)

d) _____ Gehalt (Lohn)   (◁ ▷) _____ Gehalt (Wert)

e) _____ Heide (Landschaftsform) (◁ ▷) _____ Heide (Ungläubiger)

f) _____ Kiefer (Gebiss)   (◁ ▷) _____ Kiefer (Nadelbaum)

h) _____ Leiter (Steighilfe)   (◁ ▷) _____ Leiter (Vorsteher)

j) _____ Mark (Grenzland)   (◁ ▷) _____ Mark (Inneres einer Frucht/der Knochen)

k) _____ Mast (Intensivfütterung) (◁ ▷) _____ Mast (Pfahl)

l) _____ Pony (Frisur)   (◁ ▷) _____ Pony (Zwergpferd)

m) _____ Schild (Schutzwaffe) (◁ ▷) _____ Schild (Hinweistafel)

n) _____ See (Meer)   (◁ ▷) _____ See (stehendes Binnengewässer)

q) _____ Tor (große Tür)   (◁ ▷) _____ Tor (einfältiger/dummer Mensch)

r) _____ Verdienst (Lohn)   (◁ ▷) _____ Verdienst (Leistung)

Birgit Lascho: Training Abschlussprüfung Deutsch
© Persen Verlag

Den richtigen Artikel finden – Nomen mit speziellen Endungen

1. **Welche der zehn Nomen können mit zwei Artikeln stehen? Schlage im Wörterbuch nach und notiere die angegebenen Artikel auf den dafür vorgesehenen Linien. Halte außerdem die unterschiedliche Bedeutung der Nomen in Klammern hinter dem jeweiligen Artikel fest.**

a) Flur : _____

b) Steuer: _____

c) Karton: _____

d) Mangel: _____

e) Eis: _____

f) Tau: _____

g) Tube: _____

h) Samen: _____

i) Heide: _____

j) Kunde: _____

2. **Was ist hier falsch? Finde die Fehler und schreibe die Sätze in verbesserter Form auf einen extra Zettel.**

a) Er holte den Holzleiter aus dem Schuppen, um Äpfel zu pflücken.

b) Der Ritter hielt das Schutzschild in der Hand.

c) Esra schnitt ihm das Pony.

d) Der Astkiefer hatte viele Nadeln.

Bestimmter Artikel, Adjektiv und Nomen

1. Unterstreiche in der Wortschlange jeweils die Adjektive mit dem Artikel davor.

Beispiel: d i e t r e u e d e n t r e u e n d e s t r e u e n

desfeinendiefeinenDiefeinendenfeinenDemfeinendas

feinederfeinendenfeinendiefeinedesfeinenDerfeineder

feinendemfeinenderfeinendiefeinedasfeinediefeinen

2. Ergänze in dem Text jeweils den bestimmten Artikel mit dem Adjektiv fein in der grammatisch passenden Form. Dazu kannst du deine Ergebnisse aus Aufgabe 1 zu Hilfe nehmen.

(Wer oder was?) _____ Herr, _____ Dame und _____

Kind spazieren durch den Park. Die Kleidung (wessen?) _____ Herrn,

_____ Dame und _____ Kindes sieht teuer aus. (Wem?)

_____ Herrn, _____ Dame und _____ Kind

begegnet ein schmutziger Hund. Dieser blickt (Wen oder was?) _____

Herrn, _____ Dame und _____ Kind erschrocken an.

(Wer oder was?) _____ Leute nehmen den Hund erst nicht wahr.

Doch dann erblicken die Augen (Wessen?) _____ Leute den Hund.

Dieser wirft (Wem?) _____ Leuten einen treuen Blick zu und stupst

(Wen oder was?) _____ Leute mit

seiner dreckigen Schnauze an. Als (Wer oder was?)

_____ Leute entsetzt aufschreien, ergreift

das Tier die Flucht. Es wollte nur spielen.

Birgit Lascho: Training Abschlussprüfung Deutsch
© Persen Verlag

Bestimmter Artikel, Adjektiv und Nomen

Ergänze die fehlenden Artikel und Endungen.

a) D____ schwerhörig____ Frau dreht das Radio laut.

b) Die Brille d____ elegant____ Herrn sieht teuer aus.

c) D____ vorherig____ Zug war leider ausgefallen.

d) In d____ grün____ Zweigen hopst ein Vogel herum.

e) Er beruhigte d____ aufgebracht____ Mädchen, das dort stand.

f) Die Augen d____ wütend____ Katze funkelten.

g) Sie brachte d____ krank____ Frau Medikamente.

h) Uwe lockte d____ zitternd____ Kater unter dem Schrank hervor.

i) D____ zahlreich____ Zuschauer klatschten.

j) Die Frau schenkte d____ klein____ Kind Süßigkeiten.

k) Die Rollläden d____ schäbig____ Hauses waren herunter gelassen.

l) Er wechselte d____ beschädigt____ Glühbirnen aus.

m) Die Stimmen d____ aufgeregt____ Kinder waren nicht zu überhören.

n) Ich habe d____ kaputt____ Uhr zum Uhrmacher gebracht.

o) Die Lippen d____ verärgert____ Frau zogen sich zusammen.

p) D____ verängstigt____ Tier floh sofort.

q) D____ gelb____ Rock hat sie von Tante Betty bekommen.

r) Er fütterte d____ hungrig____ Tier.

s) Diese Hosen passen nur d____ schlank____ Frauen.

Unbestimmter Artikel, Adjektiv und Nomen

1. **Unterstreiche in der folgenden Wortschlange alle Adjektive mit einem unbestimmten Artikel.**

   Beispiel: <u>*einalter einaltes*</u>

   einneueseinesneueneineneueeinemneueneinenneuen

   einneueseinesneueneinemneueneinerneueneineneue

   Einneuereinerneuen

2. **Ergänze jeweils den unbestimmten Artikel und das Adjektiv neu in der grammatisch passenden Form. Deine Ergebnisse aus Aufgabe 1 kannst du dabei zur Hilfe nehmen.**

   (Wer oder was?) _____ Tisch, _____ Kommode und

   _____ Regal stehen in einem Raum. Das Holz (Wessen?) _____

   _____ Tischs, _____ Kommode und _____

   Regals ist in der Regel stabil. Eine große Belastung macht (Wem?) _____

   Tisch, _____ Kommode und _____ Regal

   normalerweise nichts aus, (Wen oder was?) _____ Tisch,

   _____ Kommode und _____ Regal kann

   man unbedenklich vollräumen.

3. **Ergänze die Endungen der unbestimmten Artikel und Adjektive.**

   a) Lena hat sich ein____ schön____ Brosche gekauft.

   b) Der Benzinverbrauch ein____ alt____ Autos ist oft hoch.

   c) Nebenan ist ein____ hochbetagt____ Dame eingezogen.

   d) Er hat ein____ fremd____ Kind zwei Euro geschenkt.

   e) Dort steht ein____ hoh____ Eiche.

   f) Ich habe die Sachen ein___ bedürftig____ Frau gegeben.

Birgit Lascho: Training Abschlussprüfung Deutsch
© Persen Verlag

Possessivpronomen, Adjektiv und Nomen

> **Merke**
>
> Die Possessivpronomen (mein, dein, sein, ihr, unser und euer) werden zusammen mit Adjektiven im Singular wie in der unten stehenden Tabelle dekliniert.

Setze in die Lücken jeweils das Possessivpronomen *sein* mit dem Adjektiv *toll* in der grammatisch passenden Form ein.

Fall	maskulinum	femininum	neutrum
Nominativ *Wer oder was?*	mein alter Stift _____ Song	meine alte Tasche _____ Uhr	mein altes Bett _____ Radio
Genitiv *Wessen?*	meines alten Stiftes _____ Songs	meiner alten Tasche _____ Uhr	meines alten Bettes _____ Radios
Dativ *Wem?*	meinem alten Stift _____ Song	meiner alten Tasche _____ Uhr	meinem alten Bett _____ Radio
Akkusativ *Wen oder was?*	meinen alten Stift _____ Song	meine alte Tasche _____ Uhr	mein altes Bett _____ Radio

> **Merke**
>
> Im Plural ist die Deklination aller Geschlechter gleich. Die Adjektive werden so konjugiert wie beim bestimmten Artikel (der, die das).

Setze in die Lücken jeweils das Possessivpronomen *mein* mit dem Adjektiv *toll* in der grammatisch passenden Form ein.

	Alle Geschlechter	Alle Geschlechter
Nominativ *Wer oder was?*	meine alten Stifte	_____ Uhren
Genitiv *Wessen?*	meiner alten Stifte	_____ Uhren
Dativ *Wem?*	meinen alten Stifte	_____ Uhren
Akkusativ *Wen oder was?*	meine alten Stifte	_____ Uhren

Birgit Lascho: Training Abschlussprüfung Deutsch
 © Persen Verlag

Possessivpronomen, Adjektiv und Nomen

Ergänze

a) die fehlenden Endungen der Possessivpronomen und

b) das passende Adjektiv. Achte auf die grammatisch richtige Form.

> aufgeregt ◆ älter ◆ reich ◆ hungrig ◆ krank ◆ schnell ◆
> traurig ◆ kaputt ◆ neu ◆ laut ◆ alt ◆ verstorben

① Bilal renoviert sein____ _____

　Wohnung nach dem Auszug.

② Uns____ _____ Auto verbraucht

　weniger Benzin.

③ Er beruhigte sein____ _____

　Vater.

④ Der Tränenfluss ihr____ _____

　Tochter war kaum zu stoppen.

⑤ Sie waren verärgert über den Lärm ihr____ _____ Hausgenossen.

⑥ Uwe hat sein____ _____ Schwester Medikamente besorgt.

⑦ Jan löste den Haushalt sein____ _____ Oma auf.

⑧ Kai hat gestern dein____ _____ Bruder in der Stadt getroffen.

⑨ Vielen Dank für eu____ _____ Hilfe.

⑩ Gestern habe ich dein____ _____ Lampe repariert.

⑪ Die Mutter füttert ihr____ _____ Kind.

⑫ Sie hat Geld von ihr____ _____ Tante geschenkt bekommen.

Birgit Lascho: Training Abschlussprüfung Deutsch
© Persen Verlag

Demonstrativpronomen, Adjektiv und Nomen

Merke

Die Demonstrativpronomen *dieser, diese, dieses* werden zusammen mit einem Adjektiv im Singular wie in der unten stehenden Tabelle dekliniert.

Ergänze das Demonstrativpronomen *dieser, diese, dieses* und das Adjektiv *schöne* in der grammatisch passenden Form.

Fall	maskulinum	femininum	neutrum
Nominativ *Wer oder was?*	dieser nette Herr _____ Stein	diese nette Dame _____ Tasse	dieses nette Kind _____ Bild
Genitiv *Wessen?*	dieses netten Herrn _____ Steines	dieser netten Dame _____ Tasse	dieses netten Kindes _____ Bildes
Dativ *Wem?*	diesem netten Herrn _____ Stein	dieser netten Dame _____ Tasse	diesem netten Kind _____ Bild
Akkusativ *Wen oder was?*	diesen netten Herrn _____ Stein	diese nette Dame _____ Tasse	dieses nette Kind _____ Bild

Merke

Im Plural ist die Deklination aller Geschlechter gleich. Die Adjektive werden so konjugiert wie beim bestimmten Artikel (der, die das).

Ergänze das Demonstrativpronomen *dieser, diese, dieses* und das Adjektiv *schöne* in der grammatisch passenden Form.

	Alle Geschlechter	Alle Geschlechter
Nominativ *Wer oder was?*	diese netten Damen	_____ Bilder
Genitiv *Wessen?*	dieser netten Damen	_____ Bilder
Dativ *Wem?*	diesen netten Damen	_____ Bildern
Akkusativ *Wen oder was?*	diese netten Damen	_____ Bilder

Demonstrativpronomen, Adjektiv und Nomen

Fülle die Textlücken.

1. **Ergänze die fehlenden Endungen der Demonstrativpronomen.**
2. **Welches Adjektiv passt zu welchem Satz? Setze es in der grammatisch passenden Form ein.**

---

spannend ◆ teuer ◆ alt ◆ wunderbar ◆ kaputt ◆ nass ◆ neugierig ◆
lecker ◆ heftig ◆ prall ◆ bösartig ◆ verunglückt

---

a) Dies_____ _____ Herr wohnt in einem Altenheim.

b) Er sieht ständig das Gesicht dies_____ _____ Frau hinter der

Fensterscheibe.

c) Serkan hat dies_____ _____ Einfall gehabt.

d) Keiner hatte mit dies_____ _____ Gewitter gerechnet.

e) Lida hat dies____ _____ Kuchen gebacken.

f) Das Leben dies_____ _____ Frau hängt am seidenen Faden.

g) Wo hast du dies_____ _____ Buch her?

h) Dies_____ _____ Rührgerät solltest du wegschmeißen.

i) Dies_____ _____ Frau hatte das naive Kind nichts entgegen-

zusetzen.

j) Ich habe dies_____ _____ Jacke zum Trocknen aufgehängt.

k) Dies_____ _____ Ring gehört der Millionärsfrau von nebenan.

l) Bei dies_____ _____ Sonne kann man sich

nicht lange draußen aufhalten.

Birgit Lascho: Training Abschlussprüfung Deutsch
© Persen Verlag

Lernzielkontrolle: Fit für die Abschlussprüfung beim Deklinieren?

In einigen Bundesländern musst du bei den Abschlussprüfungen zeigen, dass du in der Lage bist, richtig zu deklinieren. Überprüfe deine Fähigkeiten hierin anhand der folgenden Aufgaben. Sie sind den Originalprüfungsaufgaben nachempfunden.

1. **In die folgenden Sätze wurden Kasusfehler (falscher Fall) eingebaut. Korrigiere die Fehler, indem du sie unterstreichst und die Sätze richtig auf die Linie schreibst.**

   a) Im Garten hat Nils ein kleine Katze gesehen.

   _____

   _____

   b) Im Supermarkt ist Lukas ein alten Dame begegnet.

   _____

   _____

   c) Ich mache mir Sorgen um Paul, weil man in seinen Alter nicht so schnell gesund wird.

   _____

   _____

   d) Der Träger sein Rucksackes war aus blauem Stoff.

   _____

   _____

   e) Er fand sein Stift nicht wieder.

   _____

   f) Mein Mutter kommt heute Nachmittag.

   _____

   _____

Das Präsens unregelmäßiger Verben

Merke

Im Präsens ändern die unregelmäßigen Verben ihren Vokal in der zweiten und dritten Person Singular, also bei „du" und „er, sie, es".

Beispiel: a ▷ ä, e ▷ i, e ▷ ie, Sonderfälle

Bilde zu den in der Tabelle eingeordneten Infinitiven jeweils die dritte Person Singular. Achte dabei auf die Überschriften der einzelnen Spalten.

a	▷ ä	e	▷ i
fangen	er fängt	nehmen	er nimmt
wachsen	er _____	werfen	er _____
blasen	er _____	essen	er _____
tragen	er _____	sprechen	er _____
schlafen	er _____	treffen	er _____
vergraben	er _____	fressen	er _____
saufen	er _____	verderben	er _____
backen	er _____	brechen	er _____
schlagen	er _____	flechten	er _____
raten	er _____	vergessen	er _____
fahren	er _____	werben	er _____
tragen	er _____	treten	er _____

e	▷ ie	Sonderfälle	
geschehen	es geschieht	können	er _____
lesen	er _____	mögen	er _____
empfehlen	er _____	gebären	sie _____
stehlen	er _____	stoßen	er _____
sehen	er _____	wissen	er _____
befehlen	er _____	wollen	er _____
		sein	er _____

Birgit Lascho: Training Abschlussprüfung Deutsch
© Persen Verlag

Das Präsens unregelmäßiger Verben

Ergänze den Lückentext. Setze die richtige Präsensform des jeweiligen Verbs ein. Achtung, in dem Text es gibt auch ein paar regelmäßige Verben!

In der Geschichte „Zerstreutheit kann einem Hund nichts anhaben", die 1998 von Hugo Blaufuß verfasst wurde, _____ (gehen) es um einen hochbetagten Professor namens Kuckuck, der von seinem Hund seine Geldbörse und seinen Hut wiedergebracht bekommt, nachdem er diese Sachen samt Hund beim Friseur vergessen _____ (haben). Professor Kuckuck _____ (verlassen) an einem Dienstagmorgen wie gewöhnlich mit seinem Hund sein Haus, _____ (laufen) zur Bushaltestelle und _____ (fahren) von dort aus mit dem Bus in die Stadt. Dort _____ (wollen) der Wissenschaftler zum Friseur gehen. Als der Bus am Marktplatz _____ (halten), _____ (steigen) der Professor aus. Dabei _____ (stoßen) er sich mit dem Arm an der Bustür, welcher schnell _____ (anschwellen). Doch dieser kleine Unfall _____ (verderben) unserem Wissenschaftler nicht die Stimmung, frohgelaunt _____ (betreten) er den Friseursalon samt Hund. Der Friseur _____ (sprechen) den Herrn Professor freundlich an und _____ (empfehlen) ihm einen Kurzhaarschnitt. Das Haar _____ (sein) schnell gekürzt und der Professor _____ (geben) dem Friseur das Geld für die Dienstleistung. Danach _____ (geschehen) es, dass dem Professor die Geldbörse herunter_____ (fallen), ohne dass er es _____ (merken). Außerdem _____ (vergessen) er seinen Hut und Hund in dem Laden. Mit schnellen Schritten _____ (eilen) der alte Mann zum Bus und _____ (fallen) erschöpft auf den Sitz. Plötzlich _____ (kündigen) zwei uniformierte Herren eine Fahrkartenkontrolle an. Erschrocken _____ (greifen) der Professor in seine Manteltasche. Das Herz _____ (schlagen) ihm bis zum Hals. Er _____ (sehen) nicht, dass neben ihm sein Hund mit einem schwarzen Hut auf dem Kopf und einer Geldbörse im Maul _____ (stehen). Das Tier _____ (stoßen) an das Bein seines Herrchens. Völlig verdutzt _____ (nehmen) der Professor seine Geldbörse und _____ (kommen) der Aufforderung der Kontrolleure nach.
Wie gut, dass er seinen Hund mitgenommen _____ (haben).

Das Präsens unregelmäßiger Verben

Leider sind dem Verfasser der folgenden Inhaltsangabe einige Fehler bei den Präsensformen unterlaufen. Streiche die falschen Formen durch und notiere jeweils die richtige Form auf der Linie am Rand.

Die 2008 von Peter Meier verfasste Kurzgeschichte „Das _____

Missverständnis" handelt von einem Mädchen, das _____

seine Mutter missversteht, ihr die falschen Birnen _____

kauft und deshalb von ihr ausgeschimpft wird. Denn statt _____

Glühbirnen besorgt es Früchte. _____

Lara erhaltet von ihrer Mutter den Auftrag, Birnen zu _____

kaufen, weil die Wohnzimmerlampe nicht funktioniert. _____

Doch Lara missversteht das Anliegen ihrer Mutter. Das _____

Mädchen fahrt in die Stadt, betretet das Kaufhaus und _____

sucht die Obstabteilung auf. Dort verlangt Lara Birnen. _____

Die Verkäuferin empfehlt ihr, ganz grüne Früchte zu _____

nehmen, da diese länger haltbar seien. Stolz nemmt _____

Lara die Ware und tragt sie nach Hause. Als Lara _____

ihrer Mutter die Tüte mit den Früchten gebt, schlagt _____

die Mutter die Hände über dem Kopf zusammen _____

und schimpft Lara aus. Lara lauft wütend in ihr _____

Zimmer, denn die Mutter hatte ihr nur gesagt, sie _____

solle Birnen holen. Als Lara verschwunden ist, esst _____

Laras Mutter eine Birne.

Birgit Lascho: Training Abschlussprüfung Deutsch
© Persen Verlag

Das Präteritum unregelmäßiger Verben

Merke
Das Präteritum, die einfache Vergangenheit, wird verwendet, wenn eine Handlung in der Vergangenheit stattgefunden hat und abgeschlossen ist.

In der Wortschlange sind unregelmäßige Präteritum-Formen aneinandergereiht. Trenne die einzelnen Verben durch Striche voneinander und ordne sie ihren Infinitivformen in der Tabelle zu.

> hielttriebstießklangmiedbranntewarfschwamm
> logbrietlittgriffstarbfrorschnittsprang
> schosssahbrachstrichkamzwangließmaßhing
> schobnahmbliessankschwieg

Infinitiv ▷ Präteritum	Infinitiv ▷ Präteritum	Infinitiv ▷ Präteritum
streichen ▷ er _____	braten ▷ sie _____	sterben ▷ es _____
sinken ▷ sie _____	lügen ▷ es _____	schneiden ▷ er _____
stoßen ▷ es _____	treiben ▷ er _____	nehmen ▷ sie _____
leiden ▷ er _____	frieren ▷ sie _____	schwimmen ▷ es _____
klingen ▷ sie _____	springen ▷ es _____	messen ▷ er _____
schweigen ▷ es _____	brechen ▷ er _____	kommen ▷ sie _____
greifen ▷ er _____	halten ▷ sie _____	hängen ▷ es _____
lassen ▷ sie _____	zwingen ▷ es _____	meiden ▷ er _____
schießen ▷ es _____	schieben ▷ er _____	werfen ▷ sie _____
blasen ▷ er _____	sehen ▷ sie _____	brennen ▷ es _____

Birgit Lascho: Training Abschlussprüfung Deutsch
© Persen Verlag

Das Präteritum unregelmäßiger Verben

In den folgenden Buchstabenschlangen verbergen sich 50 unregelmäßige Präteritum-Formen.

1. Kreise die Präteritum-Formen ein und ordne sie den Infinitiven aus dem Kasten zu.
2. Notiere dazu die Infinitive mit den dazugehörigen Präteritum-Formen auf einem extra Zettel.

Beispiel: *sterben – empfehlen – graben – erlöschen*

b a l a s t a r b i s i s e r l o s c h t a t a g r u b a a l a e m p f a h l o
▷ *b a l a* |s t a r b| *i s i s* |e r l o s c h| *t a t a* |g r u b| *a a l a* |e m p f a h l| *o*

sterben ▷ *er starb; empfehlen* ▷ *er empfahl; graben* ▷ *er grub;*
erlöschen ▷ *er erlosch*

> binden ◆ bergen ◆ stinken ◆ schmeißen ◆ streiten ◆ verderben ◆ fressen ◆
> stechen ◆ biegen ◆ haben ◆ sein ◆ laden ◆ waschen ◆ geben ◆ singen ◆
> schlagen ◆ rufen ◆ bringen ◆ schleichen ◆ kriechen ◆ gebären ◆ Lügen ◆
> erschrecken ◆ sitzen ◆ wachsen ◆ dürfen ◆ stehen ◆ leihen ◆ trinken ◆
> genießen ◆ steigen ◆ fließen ◆ treten ◆ reißen ◆ pfeifen ◆ senden ◆
> fangen ◆ stehlen ◆ wiegen ◆ denken ◆ sehen ◆ rennen ◆ beißen ◆ bieten ◆
> ◆ liegen ◆ heißen ◆ essen ◆ wissen ◆ verlieren ◆ fahren ◆ vergessen

A f f e s t a c h l l s a h e e w o g i s t a n k e i b a n d l i f r a ß i l o s c h m i s s o

b r a c h t e t u l i s t r i t t o w o v e r d a r b a l i

B i n i l a b a r g o v e r g a ß i s i l l i s t a n d a r d i a ß e l i   l a g i p i t r a t a

k r o c h o l i s a n g u n i g e n o s s i l i g a r a n n t e l l i

L a m a n i l u d e i t r a n k e l l o f i n g u n i s c h l i c h a s i w u s c h o l o

b i s s a n i s c h l u g e p p i b o g a l l o g a b i p p i h i e ß o i l a g

K l o p f i f f o s a ß i e b a w u c h s o n o w a r d e l a r i s s e l l i s t a h l i

f l o s s i n i w u s s t e a l l p o n o l i e h a n b o t o

B a f u h r e l o s t i e g e i e r s c h r a k e l l i d u r f t e i n i s a n d t e a l l e g r o

v e r l o r a n d i r i e f a n a d a c h t e l l i g e b a r u n o h a t t e l i

Birgit Lascho: Training Abschlussprüfung Deutsch
© Persen Verlag

Das Präteritum unregelmäßiger Verben

In dem Wortgitter sind senkrecht und waagerecht Präteritum-Formen versteckt, die zu den Infinitiven im Kasten gehören. Notiere die Formen mit dem dazugehörigen Infinitiv auf einem extra Zettel.

Beispiel: schlafen ▷ er schlief

> schreiben ◆ finden ◆ riechen ◆ reiten ◆ raten ◆ bleiben ◆ laufen ◆ gießen ◆
> scheinen ◆ können ◆ schweigen ◆ fliehen ◆ laden ◆ ziehen ◆ bitten ◆ fallen ◆
> gewinnen ◆ greifen ◆ befehlen ◆ beginnen ◆ treffen ◆ müssen ◆ fliegen ◆
> lesen ◆ schießen ◆ helfen ◆ leihen ◆ gehen

A	B	A	L	U	D	U	L	K	M	U	S	S	T	E	A	B	B
R	O	C	H	W	R	Z	I	P	A	P	A	S	T	O	R	Z	A
K	P	A	R	T	S	A	E	Z	F	W	G	R	I	F	F	S	T
S	B	R	I	T	T	O	F	O	L	L	N	Z	R	O	W	C	A
C	L	I	N	K	M	N	R	Z	O	G	L	B	E	F	A	H	L
H	A	E	O	G	O	S	S	I	H	I	G	E	L	L	U	O	A
R	R	T	G	A	G	C	K	F	P	N	T	G	R	O	Z	S	S
I	Z	L	O	S	C	H	W	I	E	G	E	A	I	G	R	S	I
E	T	B	K	K	E	I	L	E	A	U	A	N	P	Z	L	A	H
B	L	I	E	B	O	E	I	L	I	K	O	N	N	T	E	L	A
Z	A	N	N	L	A	N	B	E	B	B	U	L	L	I	E	H	L
G	E	W	A	N	N	Z	F	A	N	D	Z	T	R	A	F	O	F

Das Präteritum unregelmäßiger Verben

Merke

Einige wenige unregelmäßige Präteritum-Formen werden oft miteinander verwechselt, weil sie ähnlich klingen. Dies kannst du nur vermeiden, indem du dir diese Stolperfallen bewusst machst.

Ergänze die fehlenden Präteritum-Formen durch die passenden Formen aus dem Kasten. Richte dich dabei nach den Infinitiv-Formen, die in dem Text in Klammern stehen.

> riet ◆ las ◆ wob ◆ bot ◆ wusste ◆ lag ◆ kannte ◆ ließ ◆ warb ◆
> ritt ◆ wies ◆ sank ◆ konnte ◆ log ◆ bat ◆ sang

a) Der Professor _____ *(lesen)* ein Buch. Danach _____ *(lassen)* er seinen Hund in den Garten.

b) Julia _____ *(kennen)* das Zimmer nicht und _____ *(können)* deshalb den Lichtschalter nicht finden.

c) Anna _____ *(reiten)* am liebsten die weiße Stute und _____ *(raten)* ihrer Freundin, auch auf das Pferd aufzusteigen.

d) Der Mann _____ *(weben)* etliche Tücher und _____ *(werben)* mit deren Anfertigung in Form von Handarbeit.

e) Die Frau _____ *(wissen)* von nichts und _____ *(weisen)* jede Schuld von sich.

f) Der Vater _____ *(bitten)* seinen Sohn, Brötchen mitzubringen, und _____ *(bieten)* an, ihm das Geld dafür im Voraus zu geben.

g) Jan _____ *(liegen)* im Garten und _____ *(lügen)* seine Mutter an, dass er den Rasen schon gemäht habe.

h) Während sie die Schlussstrophe _____ *(singen)*,

_____ *(sinken)* die Sängerin zu Boden.

Birgit Lascho: Training Abschlussprüfung Deutsch
© Persen Verlag

Das Präteritum unregelmäßiger Verben

Ergänze den Lückentext. Setze die Verben ins Präteritum.

Kuh legt Verkehr lahm

Kuh blockierte für zwei Stunden den Verkehr auf der B 846

Großenhain – Gestern von 16.00 bis 18.00 Uhr _____ *(stehen)* auf der Bundesstraße 846 in Höhe der Ortschaft Großenhain-Anzefahr eine Kuh mitten auf der Straße und _____ *(zwingen)* die aus beiden Richtungen kommenden Autos zum Halten. Das Tier _____ *(lassen)* sich durch das Hupen der Autofahrer nicht stören. Unbeeindruckt _____ *(sehen)* es seinen menschlichen Kontrahenten in die Augen und _____ *(schlagen)* mit dem Schwanz um sich. So _____ *(bleiben)* den verärgerten Autofahrern nichts anderes übrig, als die Polizei zu rufen. Diese _____ *(kommen)* schnell herbeigefahren, doch die Kuh _____ *(gehen)* beim Anblick der Beamten keineswegs von der Straße. Vielmehr _____ *(halten)* sie ihre Stellung und _____ *(werfen)* ihnen einen bösen Blick zu. Die herbeigerufenen Retter _____ *(wissen)* zunächst nicht, was sie tun _____ *(müssen)*, um das Rind von der Straße zu bekommen. Doch dann _____ *(denken)* die Beamten nach. Einem von ihnen _____ *(kommen)* der Einfall, das Tier mit Heu von der Straße zu locken. Per Funk _____ *(befehlen)* er, Heu herbeizuholen. Als dieses _____ *(eintreffen)*, _____ *(greifen)* die Kuh rasch mit der Schnauze nach dem Futter und _____ *(rennen)* mit ihrer Beute von der Straße. Nach zwei Stunden _____ *(können)* die Straße wieder frei gegeben werden. Wie die Ermittlungen der Polizei _____ *(ergeben)*, _____ *(sein)* das Rindvieh einem Bauern entlaufen, dessen Hof in Großenhain-Anzefahr liegt.

Das Präteritum unregelmäßiger Verben

Ersan berichtet über sein Praktikum als
Landschaftsgärtner. Doch leider sind ihm
einige Fehler bei den unregelmäßigen
Verben unterlaufen. Streiche die falschen
Präteritum-Formen durch und schreibe die
verbesserte Form auf die Linien.

Dienstag

Heute Morgen fahrten wir zu einem Kunden. Dieser

besitzte eine schöne Villa, die von einem großen

Garten umgeben war. Unsere Aufgabe bestehte

darin, einen neuen Plattenweg zu legen, den

Rasen neu einzusäen, die Büsche zu schneiden

und die Beete neu zu bepflanzen. Während Rolf

damit beginnte, das Fundament für den Plattenweg

auszuheben, begebte ich mich mit Toni zu den

Büschen. Unter seiner Anleitung schneideten

wir die vertrockneten Äste ab. Dabei

musste ich die vertrockneten Äste einsammeln

und auf das Auto werfen, damit niemand

über sie stolperte. Dann kam der Kunde, bittete

uns ins Haus und bietete uns etwas zu trinken an.

Da die Sonne scheinte und es heiß war, nahmen

wir dieses Angebot gerne an. Nach der Pause

ging es weiter mit dem Büscheschneiden,

sodass die Zeit am Vormittag schnell verstreichte.

Birgit Lascho: Training Abschlussprüfung Deutsch
© Persen Verlag

Das Perfekt unregelmäßiger Verben

Merke
Das Perfekt beschreibt eine Handlung, die in der Vergangenheit abgeschlossen ist,
aber bis in die Gegenwart nachwirkt. Das Perfekt wird aus zwei Teilen gebildet,
einer Verbform von „sein" oder „haben" im Präsens und dem Partizip Perfekt
(Partizip II).
Beispiel: „er hat gewusst" oder „er ist gesprungen"

a) **Die folgenden Partizip-Perfekt-Formen sind zu einer Wortschlange verschmolzen.**
   Trenne sie durch Striche voneinander.

geschriebengelaufengefrorengestrichengestanden
gewonnengestohlengezogengeschlossengewogen
gestorbengetroffengefundenverlorengestunken
gebissengefochtengeschmissengezwungengetragen
angebotengegangengeworfengeborenzerrissengedacht
zerbrochengeschriengewesengewandtgeholfen
getrunkengenommengegriffenbefohlengesprochen
geranntgestrittengebeten

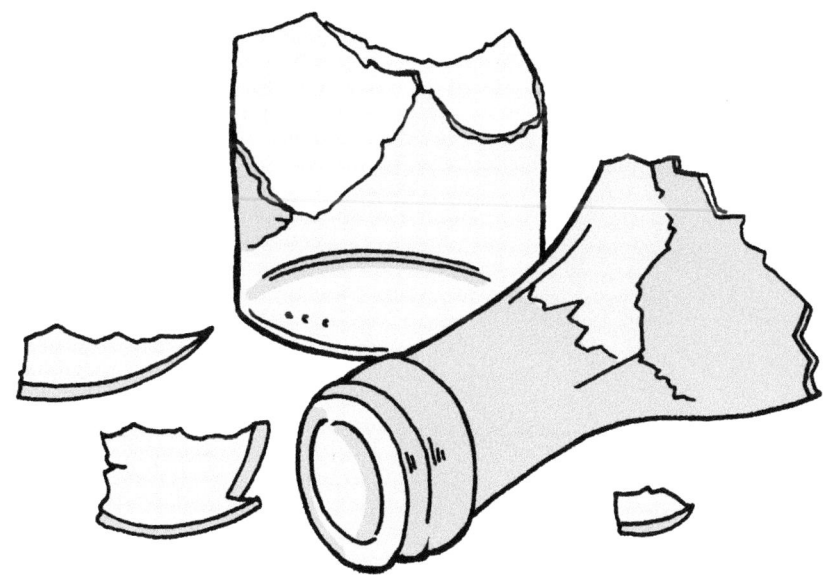

Das Perfekt unregelmäßiger Verben

b) **Bilde mit Hilfe der Partizip-Perfekt-Formen, die du in Aufgabe a) gefunden hast, das Perfekt zu den folgenden Verben. Fertige anschließend eine Tabelle an und trage den Infinitiv und die Perfekt-Form dort ein. Die Tabelle unten zeigt dir, wie es geht.**

Perfekt mit „sein"

sterben ◆ gehen ◆ sein ◆ rennen ◆ laufen ◆ fliehen

Perfekt mit „haben"

frieren ◆ schließen ◆ schreiben ◆ gewinnen ◆ streichen ◆ stehen ◆ stinken ◆
schmeißen ◆ beißen ◆ stehlen ◆ finden ◆ ziehen ◆ zwingen ◆ wiegen ◆ treffen ◆
verlieren ◆ fechten ◆ denken ◆ gebären ◆ anbieten ◆ zerbrechen ◆
befehlen ◆ werfen ◆ nehmen ◆ tragen ◆ schreien ◆ sich wenden an ◆ bitten ◆
sich streiten ◆ trinken ◆ zerreißen ◆ greifen ◆ helfen ◆ sprechen

Infinitiv	Präteritum – er/sie/es
fliehen	er, sie, es ist geflohen
denken	er, sie, es hat gedacht
...	

Birgit Lascho: Training Abschlussprüfung Deutsch
© Persen Verlag

Das Plusquamperfekt unregelmäßiger Verben

Merke
Das Plusquamperfekt wird aus zwei Teilen gebildet: einer Verbform von „haben"
oder „sein" im Präteritum und dem Partizip Perfekt (Partizip II).
Beispiel: „er hatte geholfen" oder „er war gestiegen"

a) **In der Buchstabenschlange verbergen sich Partizip-Perfekt-Formen. Suche sie
heraus, indem du die Formen unterstreichst und die Buchstaben zwischen ihnen
wegstreichst.**

> *Beispiel:* *p i a n g e s c h w o l l e n u h u g e s a n d t o*
>
> ▷ *p̶i̶angeschwollen̶u̶h̶u̶gesand̶t̶o̶*

g e s c h n i t t e n a a g e r i t t e n e l e g e s c h o s s e n b a n a g e n a n n t u h u

e i n g e s c h r i t t e n o b o g e k r o c h e n m e p a g e s c h w o r e n a h u

g e f l o s s e n i s i g e r o c h e n u h e m p f o h l e n u e n a a u f g e h ä n g t

e l e g e s c h i e d e n p i p g e s u n g e n l i l g e s c h i e n e n s t g e l i t t e n

m i n i g e n o s s e n u n o g e m o c h t b a l g e l u n g e n r a r a g e k a n n t p e l l

a b g e b o g e n e i g e k o n n t o t t o g e s c h l i c h e n a n a g e b r a c h t u n i

g e f l o g e n a s o g e s e s s e n n i g e s u n k e n u l i g e b l i e b e n p e p

g e b o r g e n n i l l g e l i e h e n k a k a g e s c h w i e g e n u p u b e g o n n e n j i

l i g e l e g e n e o g e s p r u n g e n i n i g e k o m m e n

Das Plusquamperfekt unregelmäßiger Verben

b) Du hast in Aufgabe a) alle Partizip-Perfekt-Formen gefunden? Dann nimm sie nun zur Hilfe, um das Plusquamperfekt zu den folgenden Verben zu bilden.
Fertige dazu eine Tabelle an und trage die Plusquamperfekt-Formen und den jeweiligen Infinitiv der Verben dort ein. Die Tabelle unten zeigt dir, wie es geht.

Plusquamperfekt mit „sein"

fliegen ♦ fließen ♦ kriechen ♦ einschreiten ♦ reiten ♦ schleichen ♦ bleiben ♦ gelingen ♦ scheiden ♦ abbiegen ♦ sinken ♦ kommen ♦ springen

Plusquamperfekt mit „haben"

nennen ♦ aufhängen ♦ schneiden ♦ scheinen ♦ empfehlen ♦ schießen ♦ schwören ♦ leiden ♦ mögen ♦ riechen ♦ singen ♦ können ♦ bringen ♦ sitzen ♦ kennen ♦ bergen ♦ leihen ♦ schweigen ♦ liegen ♦ genießen ♦ beginnen

Infinitiv	Plusquamperfekt – er/sie/es
anschwellen	er, sie, es war angeschwollen
senden	er, sie, es hatte gesandt
...	

Birgit Lascho: Training Abschlussprüfung Deutsch
© Persen Verlag

Das Perfekt und Plusquamperfekt unregelmäßiger Verben

Perfekt (= PE) oder Plusquamperfekt (= PL)? Ergänze den Lückentext.
Achte auf die Hinweise.

a) Onkel Jusuf _____ gestern bis 17.00 Uhr bei uns _____ *(bleiben/PE)*.

b) Nachdem der Einbrecher einen Schraubenzieher nach dem Hund _____

_____ *(werfen/PL)*, _____ der Hund den Einbrecher ins Bein _____

(beißen/PE).

c) Nachdem der Vogel wieder in den Käfig _____ _____

(fliegen/PL), _____ Esra die Käfigtür schnell _____

(schließen/PE).

d) Er _____ sich _____ *(umziehen/PL)*, bevor er

uns auf der Baustelle _____ _____ *(helfen/PE)*.

e) Nachdem er das Blatt _____ _____ *(zerreißen/PL)*,

_____ er uns einen neuen Vertrag _____ *(anbieten/PE)*.

f) Selma _____ einen Jungen _____ *(gebären/PE)*.

g) Nachdem die Jungen die ersten Spiele _____ _____ *(verlieren/PL)*,

_____ sie das letzte _____ *(gewinnen/PE)*.

h) Der Gartenzwerg _____ vor der Ladentür _____ *(stehen/PL)*, bevor ein

Dieb ihn _____ _____ *(stehlen/PE)*.

i) Bevor sie sich mit ihm _____ _____

(streiten/PE), _____ sie ihn sehr _____

(mögen/PL).

Das Perfekt und Plusquamperfekt unregelmäßiger Verben

Emre berichtet davon, wie er seinen Freund Hassan am Bahnhof verabschiedet hat. Dabei sind ihm jedoch bei einigen Partizip-Perfekt-Formen Fehler unterlaufen. Streiche die falschen Formen durch und schreibe jeweils die richtige Form auf die Linie daneben.

Gestern habe ich meinen Freund Hassan zum Bahnhof _____

gebringt. Wir sind mit dem Auto hingefahrt und da _____

Hassan schweres Gepäck gehabt hat, habe ich direkt _____

vor dem Bahnhof geparkt. Mit seinen beiden schweren _____

Koffern haben wir gleich das Bahnhofsgebäude _____

betretet. Vorher hatte ich noch schnell ein Parkticket _____

gezieht und ins Auto gelegt, um keinen Strafzettel _____

zu erhalten. Im Bahnhofsgebäude haben wir zuerst _____

eine Fahrkarte erwerbt. Nachdem Hassan sich _____

noch eine Cola gekauft hatte und diese getrinkt hatte, _____

sind wir auf den Bahnsteig gegangen und haben uns _____

auf eine Bank gesetzt. Ich habe Hassan angebietet, _____

dass er mich bald wieder besuchen kann. Außerdem _____

haben wir uns über Fußball unterhaltet. Die Zeit ist _____

schnell vergangt und plötzlich habe ich bemerkt, dass _____

sein Zug schon vor 20 Minuten gefahrt war. Vor lauter Reden _____

hatten wir die Abfahrt verpasst. „Wie ärgerlich", _____

habe ich gedenkt, „was machen wir jetzt?". Hassan hat _____

wütend mit dem Fuß aufgetretet. Doch zum Glück fuhr _____

eine Stunde später ein Zug, den Hassan dann genehmt hat. _____

Birgit Lascho: Training Abschlussprüfung Deutsch
© Persen Verlag

Lernzielkontrolle: Fit für die Abschlussprüfung zum Konjugieren?

In einigen Bundesländern musst du bei den Abschlussprüfungen zeigen, dass du in der Lage bist, Verben richtig zu konjugieren. Überprüfe deine Fähigkeiten hierin anhand der folgenden Aufgaben. Sie sind den Originalprüfungsaufgaben nachempfunden.

1. **Unterstreiche in den folgenden Sätzen die finite (gebeugte) Verbform.**

   a) Der Maler holt die weiße Farbe aus der Werkstatt.

   b) Die anderen Farben werden erst morgen geliefert.

2. **Die Zeitform des Satzes „Sie verpasste den Bus" ist ...**

   ☐ Präsens   ☐ Präteritum   ☐ Perfekt   ☐ Plusquamperfekt

   Kreuze an.

3. **Die Zeitform des Satzes „Sie war vorher nach Hause gerannt" ist ...**

   ☐ Präsens   ☐ Präteritum   ☐ Perfekt   ☐ Plusquamperfekt

   Kreuze an.

4. **Ergänze die Zeitformen.**

Präsens	er läuft
Präteritum	er _____
Perfekt	er _____

5. **Ergänze die Zeitformen.**

Präsens	er spricht
Präteritum	er _____
Plusquamperfekt	er _____

Der Konjunktiv II: Regelmäßige und unregelmäßige Verben

Merke

Mit dem Konjunktiv II kannst du Wünsche und Vorstellungen ausdrücken, die zum Sprechzeitpunkt nicht erfüllbar sind. Für die Bildung des Konjunktivs II musst du regelmäßige und unregelmäßige Verben voneinander unterscheiden, denn sie bilden den Konjunktiv II auf unterschiedliche Weise.

Bei den unregelmäßigen Verben wechselt der Vokal bei den Stammformen.

Beispiel: laufen – läuft – lief – gelaufen

Bei den regelmäßigen Verben bleibt der Vokal bei den Stammformen dagegen gleich.

Beispiel: hören – hört – hörte – gehört

a) **Ergänze die Präteritum-Formen zu den Verben in der Tabelle. Schlage in einem Wörterbuch nach, wenn du unsicher bist.**

b) **Kreuze an, ob es sich um ein regelmäßiges oder unregelmäßiges Verb handelt.**

Infinitiv	Präteritum	regelmäßig	unregelmäßig
lachen			
raten			
schmecken			
rufen			
liegen			
weinen			
suchen			
heißen			
kriechen			
steigen			

Birgit Lascho: Training Abschlussprüfung Deutsch
© Persen Verlag

Der Konjunktiv II: Unregelmäßige Verben

Merke

Den Konjunktiv II unregelmäßiger Verben bildest du in zwei Schritten: Zunächst bildest du die Präteritum-Form des Verbs.

Beispiel: finden ▷ er fand

Anschließend verwandelst du den Vokal in einen Umlaut (ä, ö, ü), wobei „a" zu „ä", „o" zu „ö" und „u" zu „ü" wird, und ergänzt ein „e" als Konjunktivsignal.

Beispiel: er fand ▷ er fände

a) Bilde zu den Infinitiven die Präteritum-Formen. Wenn du unsicher bist, schlage in einem Wörterbuch nach.

b) Bilde danach die entsprechenden Konjunktiv II-Formen. Verwandle dazu jeweils den Vokal der Präteritum-Form in einen Umlaut.

Infinitiv	Präteritum	Konjunktiv II
sitzen	er	er
bieten	er	er
sehen	er	er
frieren	er	er
denken	er	er
helfen	er	er
bitten	er	er
fließen	er	er
singen	er	er
wissen	er	er
fliegen	er	er
treffen	er	er

Der Konjunktiv II: Unregelmäßige Verben

Merke

Für die Bildung des Konjunktiv II kann man die unregelmäßigen Verben in drei Fallgruppen einteilen:

1. Verben, die ein „ie" im Infinitiv haben und das Präteritum mit „o" bilden.
   Bei ihnen wird im Konjunktiv II aus dem „o" ein „ö".
   Beispiel: wiegen ▷ er wog (Präteritum) ▷ er wöge (Konjunktiv II)

2. Verben, die ein „i" oder „e" im Infinitiv haben und das Präteritum mit „a" bilden.
   Bei ihnen wird im Konjunktiv II aus dem „a" ein „ä".
   Beispiele: binden ▷ er band (Präteritum) ▷ er bände (Konjunktiv II)
   lesen ▷ er las (Präteritum) ▷ er läse (Konjunktiv II)

3. Sonderformen: Verben, die das Präteritum auf „a", „o" oder „u" bilden
   Beispiele: sein ▷ er war (Präteritum) ▷ er wäre (Konjunktiv II)
   können ▷ er konnte (Präteritum) ▷ er könnte (Konjunktiv II)
   schlagen ▷ er schlug (Präteritum) ▷ er schlüge (Konjunktiv II)

Ergänze die fehlenden Konjunktiv II-Formen.

Infinitiv	Konjunktiv II	Infinitiv	Konjunktiv II
schießen	er	gewinnen	er
riechen	er	geben	er
ziehen	er	sprechen	er
genießen	er	schließen	er
nehmen	er	essen	er
verlieren	er	vergessen	er
springen	er	stehen	er
beginnen	er	haben	er
gelingen	er	liegen	er
kommen	er	trinken	er
tun	er	bringen	er
wissen	er	misslingen	er

Birgit Lascho: Training Abschlussprüfung Deutsch
© Persen Verlag

Der Konjunktiv II: Unregelmäßige Verben

Ergänze den Lückentext. Setze die richtige Konjunktiv II-Form der unregelmäßigen Verben ein.

1. Ach, wenn es doch aufhören _____ *(können)* zu regnen!

2. Noch 20 Minuten! Ach, wenn doch gleich der Bus _____ *(kommen)*, dann _____ *(müssen)* ich nicht so nass werden!

3. Ach, wenn ich doch einen Schirm _____ *(haben)!*

4. Ach, wenn ich jetzt zuhause _____ *(sein)*, dann _____ *(sitzen)* ich im Wohnzimmer und _____ *(trinken)* einen warmen Tee.

5. Ach, wenn ich den Bus doch um die Ecke kommen _____ *(sehen)*, dann _____ *(wissen)* ich, dass er mich schnell nach Hause _____ *(bringen)*.

6. Ach, wenn es doch hier wenigstens ein Bushäuschen zum Unterstellen _____ *(geben)!*

7. Ach, wenn doch der Bus öfter _____ *(fahren)*, dann _____ *(gelangen)* ich schneller ins Trockene!

Der Konjunktiv II und die Konjunktiv-Ersatzform „würde" + Infinitiv

Merke

Es gibt auch unregelmäßige Verben, die das Präteritum mit „i" oder „ie" bilden.

Da diese den Konjunktiv II nicht mit einem Umlaut bilden können, ist die Konjunktiv II-Form in der ersten und dritten Person Plural mit der Präteritum-Form im Indikativ identisch. Deshalb musst du bei diesen Verben in der ersten und dritten Person Plural die Ersatzform mit „würde" + Infinitiv wählen.

Beispiel: schlafen ▷ wir/sie schliefen (Präteritum) ▷ wir/sie würden schlafen

Bei den übrigen Personalformen dieser Verben musst du für die Bildung der Konjunktiv II-Form bei den Präteritum-Formen einfach nur das für den Konjunktiv typische „e" einfügen oder anhängen.

Beispiel: schlafen ▷ ich schliefe, du schliefest, er/sie/es schliefe, ihr schliefet

Die regelmäßigen Verben bilden den Konjunktiv II immer mit der Ersatzform „würde", da sich bei ihnen die Konjunktiv II – Form nicht vom Indikativ unterscheidet.

Beispiel: Missverständlich: er spielte (Präteritum Indikativ) ▷ er spielte (Konjunktiv II)

Eindeutig: er würde spielen (Umschreibung mit „würde" + Infinitiv)

Birgit Lascho: Training Abschlussprüfung Deutsch
© Persen Verlag

Der Konjunktiv II und die Konjunktiv-Ersatzform „würde" + Infinitiv

a) **Bilde zu den Infinitiven die Präteritum-Formen. Schlage in einem Wörterbuch nach, wenn du unsicher bist. Bilde danach die entsprechenden Konjunktiv II-Formen, indem du ein „e" anhängst.**

Infinitiv	Präteritum	Konjunktiv II
reißen	er	er
fangen	er	er
pfeifen	er	er
hängen	er	er
heißen	er	er
laufen	er	er
schlafen	er	er
lassen	er	er

b) **Konjunktiv II-Form oder Ersatzform mit „würde" bei unregelmäßigen Verben? Entscheide dich und ergänze die richtige Form.**

blasen: sie beide _____

reiten: wir _____

beißen: er/sie/es _____

steigen: ich _____

gehen: wir _____

scheinen: er/sie/es _____

Der Konjunktiv II und die Konjunktiv-Ersatzform „würde" + Infinitiv

1. **Konjunktiv II-Form oder Ersatzform mit „würde"? Entscheide dich und ergänze die richtige Form.**

   lachen ▷ sie beide _____

   kommen ▷ sie beide _____

   bitten ▷ sie beide _____

   gehen ▷ sie beide _____

   raten ▷ sie beide _____

   lügen ▷ sie beide _____

2. **Kreuze an, welche Verb-Form hier vorliegt: Konjunktiv I, Konjunktiv II oder die Ersatzform mit „würde" + Infinitiv.**

   a) sie sähen

   ☐ Konjunktiv I   ☐ Konjunktiv II   ☐ Ersatzform mit „würde"

   b) er liege

   ☐ Konjunktiv I   ☐ Konjunktiv II   ☐ Ersatzform mit „würde"

   c) sie seien

   ☐ Konjunktiv I   ☐ Konjunktiv II   ☐ Ersatzform mit „würde"

   d) sie würden fragen

   ☐ Konjunktiv I   ☐ Konjunktiv II   ☐ Ersatzform mit „würde"

   e) er gebe

   ☐ Konjunktiv I   ☐ Konjunktiv II   ☐ Ersatzform mit „würde"

   f) er flöge

   ☐ Konjunktiv I   ☐ Konjunktiv II   ☐ Ersatzform mit „würde"

Birgit Lascho: Training Abschlussprüfung Deutsch
© Persen Verlag

Der Konjunktiv II und die Konjunktiv-Ersatzform „würde" + Infinitiv

Ergänze den Lückentext. Verwende dabei für normalgedruckte Verben Konjunktiv II und für fettgedruckte Verben die Ersatzform mit „würde" + Infinitiv.

Wenn mich das Publikum zum Superstar _____ _____ **(wählen)**, dann

_____ (sein) ich berühmt und _____ (haben) viel Geld. Ich _____

(können) mir alles Mögliche leisten und _____ (brauchen) wahrscheinlich gar nicht

mehr zu arbeiten. Dann _____ (unternehmen) ich auf jeden Fall eine Weltreise,

auf der ich auch den Nordpol _____ _____ **(besuchen)**. Zudem

_____ ich eine Wüstentour _____ **(machen)**. Als Superstar _____

(ziehen) ich außerdem die Blicke der Mädchen auf mich und _____ (gewinnen) die

Herzen vieler Zuschauer. Ich _____ (stehen) ständig im Rampenlicht und nahezu

jeder in Deutschland _____ mich _____ **(kennen)**. Darüber hinaus

_____ (treffen) ich ständig andere Stars. Ach, wenn ich doch diese Chance

_____ (bekommen)!

Der Konjunktiv II und die Konjunktiv-Ersatzform „würde" + Infinitiv

Ergänze den Lückentext. Entscheide, ob du den Konjunktiv II oder die Ersatzform mit „würde" + Infinitiv verwenden musst. Streiche überflüssige Lücken durch.

Wenn ich Ferien _____ _____ _(haben)_, dann _____ ich jetzt nicht

hier in der Schule _____ _(sitzen)_, sondern _____ im Garten

_____ _(liegen)_ und _____ das Leben _____ _(genießen)_.

Die Sonne _____ vom Himmel _____ _(strahlen)_, ein leichter Wind

_____ mir um die Nase _____ _(wehen)_ und ich _____ verschiedene

Tierlaute _____ _(hören)_. Vögel und Insekten _____ im Garten herum

_____ _(fliegen)_ und nach einer Zeit _____ die Vögel fröhliche Melodien

von den Bäumen herab _____ _(singen)_, bis der Nachbarskater in den Garten

_____ _____ _(kommen)_ und die piepsenden Tierchen _____

_____ _(aufscheuchen)_ und in die Flucht _____ _____ _(schlagen)_.

So _____ ich den Tag unbeschwert genießen

_____ _(können)_ und wenn es wirklich

unerwartet zu regnen _____ _____

(beginnen), _____ immer noch die Möglichkeit

_____ _(bestehen)_, ins Kino zu gehen.

Ach, wenn doch schon Ferien

_____ _____ _(sein)_!

Der Konjunktiv bei der indirekten Rede

Merke

Bei der indirekten Rede werden verschiedene Formen des Konjunktivs verwendet.
Du musst bei der dritten Person zwischen Singular und Plural unterscheiden:

1. Für die dritte Person Singular musst du bei der indirekten Rede den Konjunktiv I
    verwenden. Die Form dafür bildest du, indem du an den Wortstamm des Infinitivs
    ein „e" anhängst. Nur das Verb „sein" hat die Sonderform „sei".
    Beispiel: laufen ▷ Wortstamm „lauf" ▷ er/sie/es laufe

2. Für die dritte Person Plural musst du bei der indirekten Rede dagegen zwischen
    regelmäßigen und unregelmäßigen Verben unterscheiden:

    a. Bei den regelmäßigen Verben musst du für die dritte Person Plural die Ersatzform
        mit „würde" + Infinitiv verwenden, weil die Konjunktiv I-Form identisch mit der
        Indikativform des Präsens und die Konjunktiv II-Form identisch mit der Indikativ-
        form des Präteritums ist. Deshalb kann man die Formen sonst nicht voneinander
        unterscheiden.
        Beispiel: spielen ▷ sie würden spielen

    b. Bei den unregelmäßigen Verben musst du dagegen für die dritte Person Plural
        zuerst das Präteritum bilden, um herauszufinden, welche Konjunktiv-Form du
        benutzen musst.

        Bildet das Verb das Präteritum mit den Vokalen „a", „o" oder „u", so solltest du
        den Konjunktiv II verwenden. Denn die Konjunktiv I-Form ist bei der dritten Per-
        son Plural identisch mit der Indikativ-Form des Präsens, so dass man sonst die
        Formen nicht voneinander unterscheiden kann. Die Konjunktiv II-Form bildest du,
        indem du das Präteritum ableitest und den Vokal mit einem Umlaut versiehst. Nur
        das Verb „sein" hat die Sonderform „seien" im Konjunktiv I und „wären" im Kon-
        junktiv II. Sehr ungebräuchlich klingende Konjunktivformen werden außerdem
        durch die Ersatzform mit „würde" + Infinitiv ersetzt.
        Beispiel: sehen ▷ sie sahen (Präteritum) ▷ sie sähen (Konjunktiv II)

        Bildet das unregelmäßige Verb das Präteritum dagegen mit dem Vokal „i" oder
        „ie", so musst du wie bei den regelmäßigen Verben die Ersatzform mit „würde" +
        Infinitiv verwenden. Denn die Konjunktiv II-Form ist hier ebenfalls identisch mit der
        Indikativform des Präteritums, so dass man die Formen sonst nicht voneinander
        unterscheiden kann.
        Beispiele: fangen ▷ sie fingen ▷ sie würden fangen
        heißen ▷ sie hießen ▷ sie würden heißen

Der Konjunktiv bei der indirekten Rede

1. a) Bilde den Konjunktiv I zu folgenden Verben.

lachen ▷ er/sie/es _____   suchen ▷ er/sie/es _____

rufen ▷ er/sie/es _____   ziehen ▷ er/sie/es _____

legen ▷ er/sie/es _____   backen ▷ er/sie/es _____

b) Bilde den Konjunktiv II zu folgenden Verben.

finden ▷ sie _____   wissen ▷ sie _____

sprechen ▷ sie _____   kommen ▷ sie _____

fliegen ▷ sie _____   trinken ▷ sie _____

c) Bilde die Ersatzform mit „würde" + Infinitiv zu folgenden Verben.

fragen ▷ sie _____   suchen ▷ sie _____

mieten ▷ sie _____   stellen ▷ sie _____

wählen ▷ sie _____   verstecken ▷ sie _____

2. Bestimme bei den folgenden Verb-Formen, ob es sich um den Konjunktiv I, den Konjunktiv II oder die Ersatzform mit „würde" + Infinitiv handelt. Notiere das Ergebnis auf den Linien daneben.

er liege: _____   sie kämen: _____

sie hätten: _____   sie würden suchen: _____

sie dächten: _____   er liege: _____

sie würden schlafen: _____   sie wögen: _____

Birgit Lascho: Training Abschlussprüfung Deutsch
© Persen Verlag

Der Konjunktiv bei der indirekten Rede

Ergänze den Lückentext. Verwende dabei folgende Konjunktivformen:
a) **Konjunktiv I bei normal gedruckten Verben**
b) **Konjunktiv II bei kursiv gedruckten Verben**
c) **Ersatzform mit „würde" bei fett gedruckten Verben**

Der Erziehungswissenschaftler Karl Blumenstein erhob in seinem Vortrag unmissverständlich

die Forderung, Schulsozialarbeit _____ (müssen) flächendeckend an deutschen

Schulen eingeführt werden, denn diese _____ (helfen) beträchtlich, die Gewalt an

Schulen einzudämmen. Bei 100 von einem Institut untersuchten Schulen, die Schulsozial-

arbeiter eingestellt _____ *(haben),* _____ (sein) bei 98 die Anzahl der

Gewalttaten zurückgegangen. Viele Schüler und Schülerinnen _____ *(nehmen)*

das Angebot an, sich bei persönlichen Problemen an die Sozialarbeiter zu wenden. Es

_____ (bedeuten) für die Jugendlichen eine spürbare Erleichterung, wenn sie mit

jemandem über ihre Probleme reden _____ *(können).* So _____ sich die

jungen Menschen als Persönlichkeit ernstgenommen _____

(fühlen). Auf diese Weise _____ (sinken) die Gefahr,

dass die Jugendlichen ihren Frust auf andere Weise

_____ _____ **(auslassen).**

Deshalb _____ (sollen) die Schulsozialarbeit in

Deutschland unbedingt weiter ausgebaut werden.

Birgit Lascho: Training Abschlussprüfung Deutsch
© Persen Verlag

Der Konjunktiv bei der indirekten Rede

Ergänze den Lückentext. Verwende dabei die Formen des Konjunktiv I, des Konjunktiv II oder die Ersatzform mit „würde", wo es notwendig ist. Setze in überflüssige Lücken einen Strich.

Der Politiker Harald Frankenstein merkte zum geplanten Ausbau der Albrecht-Dürer-Schule

zur Gesamtschule mit Ganztagsbetrieb an, dass dies der einzige Weg _____ _____

(sein), um im Bildungssystem Chancengleichheit herzustellen. Einen anderen Weg

_____ _____ (geben) es nicht. Nur so _____ soziale Unterschiede

des Elternhauses ausgeglichen werden _____ (können). Nur wenn alle Lernenden

ihre Hausaufgaben unter Anleitung in der Schule _____ _____ (erledigen),

_____ die Chance für Kinder aus bildungsfernen Elternhäusern _____

(bestehen), ihre Hausaufgaben mit derselben Unterstützung wie Akademiker-Kinder zu

erledigen. Zudem _____ Ganztagsschulen allen Jugendlichen die Möglichkeit

_____ (bieten), ihre Freizeit sinnvoll zu gestalten. Alle Jugendlichen

_____ so die Chance _____ (erhalten), an Sportangeboten teilzunehmen.

So _____ Jugendliche aus bildungsfernen Familien nicht mehr den ganzen Tag vor

dem Fernseher _____ (sitzen) oder _____ in der Öffentlichkeit

_____ (herumlungern). Deshalb _____ sich Frankenstein und seine

Parteikollegen unbedingt für das geplante

Vorhaben aus_____ (sprechen), in die

Bildung der Jugend _____ unbedingt

investiert werden _____ (müssen),

denn bei der Jugend _____ die

Zukunft Deutschlands _____ (liegen).

Birgit Lascho: Training Abschlussprüfung Deutsch
© Persen Verlag

Fit für die Abschlussprüfung zum Konjunktiv?

In einigen Bundesländern musst du bei den Abschlussprüfungen zeigen, dass du in der Lage bist, Konjunktivformen zu bestimmen, zu bilden und zu begründen. Teste deine Fähigkeiten hierin anhand der folgenden Aufgaben. Sie sind den Originalprüfungsaufgaben nachempfunden.

1. **Unterstreiche in dem Textauszug die Konjunktiv II-Form.**

   Jetzt stehe ich schon 20 Minuten hier. Ach, wenn er doch bald käme. Wo er nur bleibt?

2. **Der Konjunktiv wurde in diesem Satz gewählt, weil ...**

   ☐ die Sprecherin verärgert ist, dass ihr Freund nicht kommt.

   ☐ die Sprecherin sich wünscht, dass ihr Freund kommt.

   ☐ die Sprecherin sich fragt, wo ihr Freund bleibt.

   Kreuze die richtige Antwort an.

3. **Bestimme den Modus des Prädikats in dem folgenden Satz:**

   Das lasse Uwe sich nicht gefallen.

   ☐ Indikativ   ☐ Konjunktiv I   ☐ Imperativ

   Kreuze die richtige Antwort an.

4. **Der Modus des Prädikats wurde in dem Satz gewählt, um auszudrücken, dass die Aussage ...**

   ☐ nicht stimmt.   ☐ nicht ernst gemeint ist.   ☐ eines anderen wiedergegeben wird.

   Kreuze die richtige Antwort an.

5. **Professor Uhlig sagt: „Die Bildung der heutigen Jugend muss verbessert werden".
   Setze die Aussage in die indirekte Rede.**

   _____

   _____

   _____

Was hast du dazugelernt und was musst du noch weiter üben?

1. Ergänze bei den folgenden Wörtern den bestimmten Artikel.

_____ Eichhörnchen, _____ Freiheit, _____ Zwerglein, _____ Ahnung,

_____ Briefkastenklappe, _____ Nachtwächter, _____ Lösungsschlüssel,

_____ Zahnrad, _____ Fahrkartenkontrolleur, _____ Notizbüchlein,

_____ Weltmeisterschaft, _____ Führerschein

von 12 Punkten

2. Ergänze die bestimmten Artikel und die Adjektive in der grammatisch passenden Form.

a) Die Fingernägel _____ _____ *(jung)* Frau sind rot lackiert.

b) Er zeigt _____ _____ *(klein)* Mann den Weg.

c) Sie fragt nach _____ _____ *(nett)* Verkäuferin.

d) Der Körper _____ _____ *(erschrocken)* Jungen verkrampft sich.

e) Er findet _____ _____ *(gestohlen)* Auto eine Straße weiter.

f) Er ruft _____ _____ *(einsam)* Herrn an.

g) _____ _____ *(scheu)* Pferd galoppiert davon.

h) Er verliebt sich in _____ _____ *(neu)* Sekretärin.

von 8 Punkten

Birgit Lascho: Training Abschlussprüfung Deutsch
© Persen Verlag

3. Ergänze bei den folgenden Sätzen jeweils die Possessivpronomen und Adjektive in der grammatisch passenden Form.

a) _____ _____ *(mein/ehemalig)* Trainer kommt nachher.

b) Die Klingel _____ _____ *(sein/grün)* Fahrrades funktioniert nicht.

c) Ich kümmere mich um _____ _____ *(dein/schreiend)* Kind.

d) Ich vermisse _____ _____ *(mein/golden)* Brosche.

e) Sie badet _____ _____ *(ihr/dreckig)* Hund.

f) _____ _____ *(unser/jünger)* Tochter kann schon laufen.

g) Der Auspuff _____ _____ *(dein/rot)* Autos ist defekt.

h) Ich habe das Paket bei _____ _____ *(sein/erstaunt)* Mutter

abgegeben.

☐ **von 8 Punkten**

4. Ergänze bei den folgenden Sätzen jeweils die Demonstrativpronomen und Adjektive in der grammatisch passenden Form.

a) Das Auge _____ _____ *(verletzt)* Jungen sah schrecklich aus.

b) Mit _____ _____ *(unmöglich)* Frau arbeite ich nicht zusammen.

c) Sie hat _____ _____ *(schön)* Sofa ausgesucht.

d) _____ _____ *(arm)* Menschen würde ich gerne helfen.

e) Das Haus _____ _____ *(alt)* Frau ist grau.

f) Das Wasser _____ _____ *(klein)* Teichs ist klar.

g) _____ _____ *(spannend)* Krimi mag ich besonders.

h) Ich habe mir _____ _____ *(gelb)* Bluse gekauft.

☐ **von 8 Punkten**

5. Bilde die dritte Person Singular Präsens zu den folgenden Verben.

Beispiel: malen ▷ er/sie/es malt

wissen ▷ er/sie/es _____   essen ▷ er/sie/es _____

sein ▷ er/sie/es _____   wollen ▷ er/sie/es _____

stehlen ▷ er/sie/es _____   raten ▷ er/sie/es _____

braten ▷ er/sie/es _____   werben ▷ er/sie/es _____

laufen ▷ er/sie/es _____   können ▷ er/sie/es _____

helfen ▷ er/sie/es _____   fechten ▷ er/sie/es _____

von 12 Punkten

6. Bilde die dritte Person Singular Präteritum zu folgenden Verben.

Beispiel: malen ▷ er/sie/es malte

bringen ▷ er/sie/es _____   laden ▷ er/sie/es _____

rufen ▷ er/sie/es _____   vergessen ▷ er/sie/es _____

fließen ▷ er/sie/es _____   fahren ▷ er/sie/es _____

biegen ▷ er/sie/es _____   schleichen ▷ er/sie/es _____

raten ▷ er/sie/es _____   nennen ▷ er/sie/es _____

lügen ▷ er/sie/es _____   wissen ▷ er/sie/es _____

von 12 Punkten

Birgit Lascho: Training Abschlussprüfung Deutsch
© Persen Verlag

7. Ergänze bei den folgenden Perfekt- und Plusquamperfekt-Formen das Partizip II des in Klammern stehenden Verbs.

Beispiel: er/sie/es ist gegangen

① er ist _____ (sterben)   ⑦ sie hat _____ (singen)

② es hatte _____ (heißen)   ⑧ er hatte _____ (leihen)

③ sie hatte _____ (wissen)   ⑨ es hat _____ (gewinnen)

④ er ist _____ (kriechen)   ⑩ er war _____ (gehen)

⑤ sie ist _____ (fliegen)   ⑪ es hat _____ (beißen)

⑥ es hat _____ (meiden)   ⑫ sie hat _____ (befehlen)

☐ **von 12 Punkten**

8. Ergänze die fehlenden Konjunktiv II-Formen der in Klammern stehenden Verben.

Beispiel: geben ▷ sie gäben

Wenn sie Ferien hätten, dann ...

a) _____ (sitzen) Schmidts am Strand.

b) _____ (lesen) Serkan und Emre Zeitschriften.

c) _____ (fahren) sie in die Türkei.

d) _____ (kommen) sie zum Aufräumen.

e) _____ (wissen) die Kinder nichts mit sich anzufangen.

f) _____ (fliegen) sie in den sonnigen Süden.

g) _____ (genießen) sie das Leben.

h) _____ (beginnen) sie eine Gartenhütte zu bauen.

☐ **von 8 Punkten**

9. **Der folgende Text steht in der indirekten Rede. Ergänze die fehlenden Konjunktiv-formen der in Klammern stehenden Verben. Entscheide, ob du den Konjunktiv I oder II oder die Ersatzform mit „würde" + Infinitiv verwenden musst. Kennzeichne überflüssige Lücken mit einem Strich.**

Beim gestrigen Treffen der Schulleiter in der Bildungsverwaltung ließ der Erziehungs-

wissenschaftler Walter Schiller verlauten, dass er sich klar für die Einführung eines

neuen Schulfaches Medienkunde _____ _____ (aussprechen).

Denn die Einführung eines solchen Schulfaches _____ vor dem Hintergrund der

Geschehnisse um Internetseiten dringend notwendig _____ (sein), auf denen

Jugendliche anonym über andere Menschen lästern _____ _____

(können). So _____ die Jugendlichen oft gar nicht _____ (verstehen),

welche seelischen Verletzungen sie ihren Opfern durch die Abgabe von beleidigenden

Kommentaren _____ _____ (zufügen). Deshalb _____ er hier

dringenden Handlungsbedarf _____ (sehen). Außerdem _____ die

Lehrkräfte in den Schulen so ausreichend Zeit _____ (haben), den kritischen

Umgang mit dem Internet zu thematisieren. Denn viele Jugendliche _____

täglich stundenlang im Internet _____ (surfen) und _____ nicht

_____ (wissen) mit der Informationsflut aus dem Internet umzugehen.

von 8 Punkten

Birgit Lascho: Training Abschlussprüfung Deutsch
© Persen Verlag

Anleitung zur Kontrolle und Auswertung:
Was hast du dazugelernt und was musst du noch weiter üben?

Den Abschlusstest kannst du selbst mithilfe der **Lösungsseiten** kontrollieren. Du kannst ihn aber auch durch jemand anderen kontrollieren lassen, zum Beispiel durch deinen Tischnachbarn oder deine Tischnachbarin. Wichtig ist, dass der Test **sorgfältig kontrolliert** wird.

Nach der Fehlerkontrolle müssen bei jeder Aufgabe die richtigen Lösungen zusammengezählt werden. Dabei erhältst du für jede richtige Lösung einen Punkt. Danach überträgst du die Punktzahlen für die einzelnen Aufgaben in die entsprechende Spalte der Leistungstabelle auf dem zweiten Blatt.

Nun suchst du aus der Übersicht unten den jeweiligen Kommentar zum Leistungsstand für deine **Punktzahlen** heraus. Trage die für dich geltenden Kommentare in die Leistungstabelle ein. So kannst du sehen, welche grammatischen Bereiche du schon beherrscht und wo du unbedingt noch üben musst.

Das ist mein Leistungsstand

Aufgaben 1 – 2 und 9 – 11	
12 Punkte	Spitze, das kannst du prima!
11 Punkte	In Ordnung, das kannst du einigermaßen!
9 – 10 Punkte	Hier solltest du noch etwas üben!
6 – 8 Punkte	Hier solltest du noch üben!
0 – 7 Punkte	Hier musst du unbedingt noch üben!

Aufgaben 3 – 8	
8 Punkte	Spitze, das kannst du prima!
7 Punkte	In Ordnung, das kannst du einigermaßen!
6 Punkte	Hier solltest du noch etwas üben!
5 Punkte	Hier solltest du noch üben!
4 Punkte	Hier musst du unbedingt noch üben!

Vergleiche nun deine Ergebnisse mit denen, die du beim Lernausgangstest erzielt hast. Kennzeichne jeden Bereich, in dem du dich verbessert hast, am Rand mit einem ☺. Markiere jeden Bereich, in dem du dich noch verbessern kannst, am Rand mit einem ❗. So erhältst du einen Überblick, was du bereits dazugelernt hast und was du noch weiter üben musst.

Birgit Lascho: Training Abschlussprüfung Deutsch
© Persen Verlag

Leistungstabelle – Das kann ich schon

Aufgabe Nr.	Aufgabeninhalt	Punktzahl	Leistungsstand Lernausgangstest	Leistungsstand Abschlusstest		
1	Artikel					
2	Deklination von Artikeln, Adjektiven und Nomen					
3	Deklination von Possessivpronomen, Adjektiven und Nomen					
4	Deklination von Demonstrativpronomen, Adjektiven und Nomen					
5	Konjugation unregelmäßiger Verben im Präsens					
6	Konjugation unregelmäßiger Verben im Präteritum					
7	Konjugation unregelmäßiger Verben im Perfekt und Plusquamperfekt					
8	Konjugation unregelmäßiger Verben im Konjunktiv II					
9	Konjugation unregelmäßiger Verben im Konjunktiv I, II und der Ersatzform „würde" + Infinitiv bei der indirekten Rede					

Birgit Lascho: Training Abschlussprüfung Deutsch
© Persen Verlag

Lösungen / Literatur

AB 1   Verwendung von Personalpronomen   S. 16

1. a) Nominativ Singular: **er, sie, es**   Nominativ Plural: **sie**
    b) Dativ Singular: **ihm, ihr, ihm**   Dativ Plural: **ihnen**
    c) Akkusativ Singular: **ihn, sie, es**   Akkusativ Plural: **sie**

2. a) **Sie** bringt **sie** ins Bett.   e) **Es** knabbert **sie**.
    b) **Er** findet **ihn** endlich.   f) **Er** gibt **ihr** Geld.
    c) **Es** winkt **ihnen**.   g) **Sie** erblickt **es**.
    d) **Sie** schenken **ihm** ein Handy.   h) **Sie** wirft **ihm** den Ball zu.

AB 2   Verwendung von Personalpronomen   S. 17

a) Die Katze fing eine Maus. ------- (Die Katze) verschlang ihre Beute schnell.
b) Die Mutter gab den Jungen etwas zu trinken. **Sie** (Die Mutter) schenkte **ihnen**
    (den Jungen) Sprudel ein.
c) Esther geht mit Heike in die neue Disco. **Sie** (Die Disco) befindet sich in der Nähe des
    Bahnhofs. ------- (Heike) war schon lange Esthers Freundin.
d) Ali hat sich ein neues Motorrad gekauft. **Es** (Das Motorrad) ist blau und **er** (Ali) hat sich
    extra für dieses Modell entschieden, weil **es** (das Modell) toll aussieht.
e) Igor trifft sich mit Natascha in der Stadt. ------- (Natascha) hat rotlackierte Fingernägel.
f) Mira kaufte für ihre Freundin eine CD. ------- (Mira) war sehr stolz auf dieses Geschenk,
    denn **sie** (Mira) wusste, dass ------- (ihre Freundin) diese Musikrichtung liebte.

AB 3   Treffende Verben für „machen" verwenden   S. 18

a) die Tür zumachen ⇨ die Tür **schließen**
b) das Licht anmachen ⇨ das Licht **einschalten**
c) ein Plakat anmachen ⇨ ein Plakat **aufhängen**
d) eine Speise warm machen ⇨ eine Speise **erwärmen**
e) die Tür aufmachen ⇨ die Tür **öffnen**
f) eine Schraube losmachen ⇨ eine Schraube **lösen**
g) einen Ausflug machen ⇨ einen Ausflug **unternehmen**
h) Schmutz wegmachen ⇨ Schmutz **beseitigen**
i) Übungen vormachen ⇨ Übungen **zeigen**
j) jemandem etwas vormachen ⇨ jemanden **anlügen**
k) etwas kaputt machen ⇨ etwas **zerstören**
l) etwas wieder ganz machen ⇨ etwas **reparieren**
m) einen Aufkleber von etwas abmachen ⇨ einen Aufkleber von etwas **entfernen**
n) einen Termin abmachen ⇨ einen Termin **vereinbaren**
o) das Licht ausmachen ⇨ das Licht **ausschalten**
p) den Rolladen hochmachen ⇨ den Rolladen **hochziehen**
q) etwas an der Wand festmachen ⇨ etwas an der Wand **befestigen**
r) eine Handlung oder nachmachen ⇨ eine Handlung oder Person **imitieren**

Birgit Lascho: Training Abschlussprüfung Deutsch
© Persen Verlag

AB 3   Treffende Verben für „machen" verwenden   S. 18

s) jemandem Geld vermachen ⇨ jemandem Geld **vererben**
t) die Nacht durchmachen ⇨ die Nacht **durchfeiern**
u) etwas Schlimmes durchmachen ⇨ etwas Schlimmes **erleiden**

AB 4   Tätigkeiten im Büro   S. 19

a) etwas mit dem Computer schreiben ⇨ etwas **tippen**
b) einen Brief mit einer Briefmarke versehen ⇨ einen Brief **frankieren**
c) sich mit einem Vorgang befassen ⇨ einen Vorgang **bearbeiten**
d) die E-Mails checken ⇨ die E-Mails **aufrufen**
e) Akten ordnen ⇨ Akten **sortieren**
f) den Computer anschalten ⇨ den Computer **hochfahren**
g) einen Brief verschicken ⇨ einen Brief **versenden**
h) den Computer abschalten ⇨ den Computer **herunterfahren**
i) ans Telefon gehen ⇨ einen Anruf **entgegennehmen**
j) einen Vorgang in die Akte tun ⇨ einen Vorgang **abheften**
k) etwas schriftlich festhalten ⇨ etwas **notieren**
l) auf E-Mails reagieren ⇨ E-Mails **beantworten**
m) einen Termin vergeben ⇨ einen Termin **vereinbaren**
n) ein Schreiben aufsetzen ⇨ ein Schreiben **verfassen**
o) etwas vervielfältigen ⇨ etwas kopieren
p) etwas schriftlich festhalten ⇨ etwas notieren

AB 5   Tätigkeiten im medizinischen Bereich   S. 20

a) Medikamente eingeben ⇨ Medikamente **verabreichen**
b) etwas säubern ⇨ etwas **reinigen**
c) eine Spritze vorbereiten ⇨ eine Spritze **aufziehen**
d) ein Rezept schreiben ⇨ ein Rezept **ausstellen**
e) einen Gipsverband machen ⇨ etwas **eingipsen**
f) etwas sterilisieren ⇨ etwas **desinfizieren**
g) Blut abzapfen ⇨ Blut **abnehmen**
h) jemandem einen Verband anlegen ⇨ jemanden **verbinden**
i) eine Wunde mit einem Pflaster bedecken ⇨ ein Pflaster auf eine Wunde **kleben**
j) Medikamente verschreiben ⇨ Medikamente **verordnen**
k) Abfall wegräumen ⇨ Abfall **entsorgen**
l) jemanden mit dem Stethoskop abhören ⇨ jemanden **abhorchen**
m) Körperflüssigkeiten mit Watte aufsaugen ⇨ mit Watte **abtupfen**
n) die Menge von einzunehmenden Medikamenten festlegen ⇨ Medikamente **dosieren**
o) den Blutdruck bestimmen ⇨ den Blutdruck **messen**
p) jemanden auf die Waage stellen ⇨ jemanden **wiegen**

AB 6   Tätigkeiten im handwerklichen Bereich   S. 21

a) etwas mit dem Zollstock **ausmessen**
b) Holz mit der Säge **sägen**
c) Holz mit Schmirgelpapier glatt **schmirgeln**
d) Holz mit einem Schleifgerät **schleifen**
e) Holz mit dem Hobel **hobeln**
f) Holz mit einer Feile **feilen**

AB 7   Tätigkeiten im handwerklichen Bereich   S. 22

a) eine Schraube mit dem Schraubenzieher **festschrauben**
b) eine Schraube mit dem Schraubenzieher **losschrauben**
c) eine Mutter mit dem Schraubschlüssel **festziehen**
d) eine Mutter mit dem Schraubschlüssel **losdrehen**
e) Rohre mit dem Lötkolben **löten**
f) Rohre **ineinanderschieben**

AB 8   Tätigkeiten im handwerklichen Bereich   S. 23

a) einen Nagel mit dem Hammer **einschlagen**
b) einen Nagel mit der Zange **entfernen**
c) eine Wand mit der Walze **anstreichen**
d) einen Dübel mit der Bohrmaschine in die Wand **bohren**
e) ein Badezimmer **fliesen**
f) eine Wand **tapezieren**

AB 9   Tätigkeiten im Verkaufsbereich   S. 24

a) Waren absetzen ⇨ Waren **verkaufen**
b) Waren mit dem Preis versehen ⇨ Waren **auszeichnen**
c) das Schaufenster gestalten ⇨ das Schaufenster **dekorieren**
d) den Kunden Waren zeigen ⇨ den Kunden Waren **präsentieren**
e) Waren zurücknehmen ⇨ Waren **umtauschen**
f) Waren übereinander anordnen ⇨ Waren **stapeln**
g) Waren ordern ⇨ Waren **bestellen**
h) Geld vom Kunden entgegennehmen ⇨ **kassieren**
i) Paketen Waren entnehmen ⇨ Ware **auspacken**
j) Kassensturz machen ⇨ **abrechnen**
k) Ware in eine Tüte oder ein Paket legen ⇨ Ware **verpacken**
l) Kleidungsstücke ordentlich zusammenfalten ⇨ Kleidungsstücke **zusammenlegen**
m) Ware im Paket verschicken ⇨ Ware **versenden**
n) Bestellungen entgegennehmen ⇨ Bestellungen **aufnehmen**
0) Kunden informieren ⇨ Kunden **beraten**
p) Waren in bestimmte Gruppen unterteilen ⇨ Waren **sortieren**

Birgit Lascho: Training Abschlussprüfung Deutsch
© Persen Verlag

AB 10 Tätigkeiten im hauswirtschaftlichen Bereich   S. 25

a) Geschirr abwaschen – Geschirr säubern – Geschirr abspülen – ~~Geschirr duschen~~ – den Abwasch erledigen

b) ~~Gemüse kehren~~ – Gemüse waschen – Gemüse abspülen – Gemüse putzen – ~~Gemüse wischen~~

c) Gemüse in Stücke schneiden – Gemüse in Scheiben schneiden – Gemüse raspeln – Gemüse in Würfel schneiden – ~~Gemüse zersägen~~ – Gemüse hobeln

d) Kirschen entkernen – ~~Erdbeeren entkernen~~ – Pfirsiche entkernen – Zwetschen entkernen – Mirabellen entkernen – ~~Bananen entkernen~~ – Pflaumen entkernen

e) Suppe kochen – Pudding kochen – Brei kochen – Milch kochen – ~~Schnitzel kochen~~

f) Fleisch braten – Eier braten – ~~Milch braten~~ – Frikadellen braten – ~~Waffeln braten~~ –

g) Kuchen backen – Pizza backen – ~~Salat backen~~ – ~~Sahne backen~~ – einen Tortenboden backen

AB 11 Tätigkeiten im kosmetischen Bereich   S. 26

a) Haare reinigen ⇨ Haare **waschen**

b) Haare vom Shampoo befreien ⇨ Haare **ausspülen**

c) Haare nass machen ⇨ Haare **anfeuchten**

d) Haare mit dem Föhn trocknen ⇨ Haare **föhnen**

e) Haare mit dem Kamm in Ordnung bringen ⇨ Haare **kämmen**

f) Haare mit der Bürste in Ordnung bringen ⇨ Haare **bürsten**

g) Haare in Form bringen ⇨ Haare **frisieren**

h) Haare kürzen ⇨ Haare **schneiden**

i) Lockenwickler in die Haare machen ⇨ Haare **einwickeln**

j) die Haarfarbe stark verändern ⇨ jemandem die Haare **färben**

k) die Haarfarbe nur leicht verändern ⇨ jemandem die Haare **tönen**

l) Haare mit dem Rasierer entfernen ⇨ Haare **rasieren**

m) den Nagelspitzen eine runde Form verpassen ⇨ Nägel **feilen**

n) Make-up im Gesicht verteilen ⇨ Make-up im Gesicht **auftragen**

o) Creme im Gesicht verteilen ⇨ das Gesicht **eincremen**

p) Lack auf die Nägel auftragen ⇨ die Nägel **lackieren**

AB 12 Sprachbausteine für Einleitungssätze   S. 29

1. a) Wolfgang Borcherts 1947 erschienene Kurzgeschichte „Die Küchenuhr" **handelt von** einem jungen Mann, der im Krieg alles, bis auf eine Küchenuhr, verloren hat und wildfremden auf einer Parkbank sitzenden Leuten von dem materiellen Verlust und dem Verlust seiner Familie erzählt.

   b) In der 1947 erschienenen Kurzgeschichte „Die Küchenuhr" von Wolfgang Borchert **geht es um** einen jungen Mann, der im Krieg alles, bis auf eine Küchenuhr, verloren hat und wildfremden auf einer Parkbank sitzenden Leuten von dem materiellen Verlust und dem Verlust seiner Familie erzählt.

AB 12   Sprachbausteine für Einleitungssätze   S. 29

c) Wolfgang Borchert **erzählt** in seiner 1947 erschienenen Kurzgeschichte „Die Küchenuhr" **von** einem jungen Mann, der im Krieg alles, bis auf eine Küchenuhr, verloren hat
und wildfremden auf einer Parkbank sitzenden Leuten von dem materiellen Verlust
und dem Verlust seiner Familie erzählt.

d) In der 1947 erschienenen Kurzgeschichte „Die Küchenuhr" **beschreibt** Wolfgang
Borchert, **wie** ein junger Mann, der im Krieg alles, bis auf eine Küchenuhr, verloren
hat, wildfremden auf einer Parkbank sitzenden Leuten von dem materiellen Verlust
und dem Verlust seiner Familie erzählt.

2. In der 1946 erschienenen Kurzgeschichte „Das Brot" von Wolfgang Borchert geht es um
eine Ehefrau, die ihren 63-jährigen Ehemann nach 39-jähriger Ehe dabei ertappt, wie er
nachts heimlich das während der Nachkriegszeit streng rationalisierte Brot aufisst, und
ungewöhnlich auf das Verhalten ihres Mannes reagiert, indem sie die Tat wissentlich
übersieht und ihm am nächsten Abend zusätzlich etwas von ihrem Brotanteil abgibt.

AB 13   Konjunktionen zur Verknüpfung von Haupt- und Nebensätzen   S. 32

a) temporal: **a**ls, w**o**n**a**ch, n**a**chdem, bis, w**ä**hrend, bev**o**r, s**o**b**a**ld, **e**he, w**o**r**auf**, s**o**l**a**nge
b) kausal: w**ei**l, d**a**
c) final: d**a**mit, um ... **zu**
d) konsekutiv: s**o** d**a**ss, d**a**ss
e) konzessiv: **o**b**wo**hl, **o**bgl**ei**ch, **o**bsch**o**n, w**e**nngl**ei**ch, wenn **au**ch
f) konditional: wenn, f**a**lls, s**o**fern
g) modal: **i**nd**e**m, w**o**mit; **o**hne d**a**ss, w**o**b**ei**, d**a**durch d**a**ss

AB 14   Konjunktionen zur Verknüpfung von Haupt- und Nebensätzen   S. 33

a) Du kannst gerne vorbeikommen, **wenn** du Zeit hast.
b) Lara besuchte ihre Mutter, **nachdem** Lara im Kino war.
c) Rainer stieg in die Bahn, **obwohl** er keine Fahrkarte hatte.
d) Du bekommst den Fleck weg, **indem** du Reinigungsmittel verwendest.
e) Sie rennt los, **damit** sie noch pünktlich kommt.
f) Er sucht eine Straßenkarte, **ehe** er los fährt.
g) Jana zieht einen Sonnenhut auf, **da** die Sonne scheint.
h) Ahmet bleibt einfach länger in der Disco, **so dass** er Ärger bekommt.
i) Sein Briefkasten quillt über, **während** Emre im Urlaub ist.

Birgit Lascho: Training Abschlussprüfung Deutsch
© Persen Verlag

AB 15 Konjunktionen zur Verknüpfung von Hauptsätzen S. 34

a) Sie wartet auf ihn, (er – aber – nicht – kommt)
   Sie wartet auf ihn, **aber er kommt nicht.**

b) Er trinkt etwas, (Durst – er – da – hat)
   Er trinkt etwas, **da er Durst hat.**

c) Udo läuft nicht los, (Ute – sondern – auf – wartet – er)
   Udo läuft nicht los, **sondern er wartet auf Ute.**

d) Es regnet, (aus – Wandertag – fällt – also – der)
   Es regnet, **also fällt der Wandertag aus.**

e) Er war schon einmal hier, (Weg – weiß – er – den – daher)
   Er war schon einmal hier, **daher weiß er den Weg.**

f) Es fällt ihm nicht leicht, (bemüht – sich – trotzdem – er)
   Es fällt ihm nicht leicht, **trotzdem bemüht er sich.**

Lösungen - Baustein I / Literatur interpretieren und analysieren

AB 16 Sprachbausteine zum Formulieren einer Interpretationshypothese S. 35

1. a) Wolfgang Borchert **möchte** mit seiner Kurzgeschichte wahrscheinlich **aufzeigen**, welche schrecklichen Folgen der Krieg für den Einzelnen hat.

   b) Mit seiner Kurzgeschichte **möchte** Wolfgang Borchert vermutlich **darauf aufmerksam machen**, welche schrecklichen Folgen der Krieg für den Einzelnen hat.

   c) Wolfgang Borchert **möchte** mit seiner Kurzgeschichte offenbar **veranschaulichen**, welche schrecklichen Folgen der Krieg für den Einzelnen hat.

   d) Mit seiner Kurzgeschichte **möchte** Wolfgang Borchert **verdeutlichen**, welche schrecklichen Folgen der Krieg für den Einzelnen hat.

2. Wolfgang Borchert möchte mit seiner Kurzgeschichte „Das Brot" wahrscheinlich aufzeigen, welche schrecklichen Folgen der Krieg für die Menschen hat.

AB 17 Sprachbausteine zur Untergliederung von Texten S. 36

1. Die Geschichte lässt sich in drei Teile untergliedern. Dabei reicht der Einleitungsteil von Zeile ... bis ..., der Hauptteil von Zeile ... bis ... und der Schlussteil von Zeile ... bis ...

2. Die Geschichte kann man in drei Teile einteilen. Dabei reicht der Einleitungsteil von Zeile ... bis ..., der Hauptteil von Zeile ... bis ... und der Schlussteil von Zeile ... bis ...

3. Die Geschichte kann in drei Teile gegliedert werden. Dabei reicht der Einleitungsteil von Zeile ... bis ..., der Hauptteil von Zeile ... bis ... und der Schlussteil von Zeile ... bis ...

a) Der junge Mann ist vom Krieg gezeichnet,
   1. **was man in Zeile 1 bis 2 erkennen kann, in der es über ihn heißt**
   2. **was in Zeile 1 bis 2 deutlich wird, wo er folgendermaßen beschrieben wird:**
   „Er hatte ein ganz altes Gesicht, aber wie er ging, daran sah man, dass er erst zwanzig war."

b) Der junge Mann ist vom Krieg gezeichnet, **was sich durch den Satz** „Er hatte ein ganz altes Gesicht, aber wie er ging, daran sah man, dass er erst zwanzig war" **in Zeile 1 bis 2 belegen lässt.**

c) **Mit dem Satz** „Er hatte ein ganz altes Gesicht, aber wie er ging, daran sah man, dass er erst zwanzig war" **in Zeile 1 bis 2 wird angedeutet**, **dass** der junge Mann vom Krieg gezeichnet ist.

a) Folglich kann man sagen, dass ...
b) Als Fazit lässt sich sagen, dass ...
c) Abschließend kann man demnach sagen, dass ...
d) Zusammenfassend kann man feststellen, dass ...
e) Abschließend lässt sich feststellen, dass ...
f) Zusammenfassend lässt sich sagen, dass ...
g) Demnach kann man zu dem Schluss gelangen, dass ...

a) Herbert Kleinfeld fordert, dass die Anzahl der Jugendlichen, die die Schule ohne Bildungsabschluss verlassen, unbedingt gesenkt werden muss.
b) Ulla Hennig bezweifelt, dass eine bessere finanzielle Ausstattung der Schulen allein zu besseren Bildungserfolgen führt.
c) Ersan Bilal stellt die Forderung auf, dass die Klassengrößen in sozialen Brennpunktgebieten kleiner werden müssen.
d) Bernd Vogel kritisiert, dass die wenigsten Schulen baulich auf den geplanten Ganztagsbetrieb ausgelegt sind.
e) Lara Klein hegt Zweifel daran, dass nächstes Jahr mehr Lehrer eingestellt werden.
f) Esra Yilmaz schlägt vor, dass die Zahl der Förderkurse erhöht werden soll.
g) Ahmet Demir stellt fest, dass die Anzahl der Förderkurse zu gering ist.
h) Ruth Lewin vermutet, dass die Maßnahme nichts bringen wird.

Birgit Lascho: Training Abschlussprüfung Deutsch
© Persen Verlag

AB 21 Stellung zur Meinung einer anderen Person nehmen   S. 40

a) Sprachbausteine, um der Meinung einer anderen Person zuzustimmen:
 1. Hierin kann ich mich *Herrn Meier* nur anschließen ...
 2. Darin pflichte ich *Herrn Meier* bei ...
 3. Wie *Herrn Meier* vertrete ich die Auffassung ...
 4. Ich bin derselben Meinung wie *Herr Meier* ...
 5. Ich denke hier genauso wie *Herr Meier* ...
 6. Wie *Herr Meier* denke ich ...
 7. Ich bin derselben Meinung wie *Herr Meier* ...

b) Sprachbausteine, um der Meinung einer anderen Person teilweise zuzustimmen
 1. Ich kann *Herrn Meiers* Argumentation nur zum Teil folgen ...
 2. Ich kann *Herr Meiers* Aussage nur zum Teil nachvollziehen ...
 3. Ich halte *Herrn Meiers* Forderung nur zum Teil für berechtigt ...
 4. Ich kann *Herrn Meiers* Ausführungen nur bedingt zustimmen ...
 5. Ich kann *Herrn Meier* hierin nur teilweise zustimmen ...

c) Sprachbausteine, um die Meinung einer anderen Person abzulehnen:
 1. Anders als *Herr Meier* bin ich der Auffassung ...
 2. Im Gegensatz zu *Herrn Meier* denke ich ...
 3. Anders als *Herr Meier* vertrete ich die Auffassung ...
 4. Im Gegensatz zu *Herrn Meier* meine ich ...

AB 22 Sprachbausteine zur Themenformulierung im Einleitungsteil einer Erörterung S. 41

a) Deshalb möchte ich im Folgenden hinterfragen, ...
b) Daher möchte ich im Folgenden der Frage nachgehen, ...
c) Aus diesem Grund möchte ich im Folgenden näher beleuchten, ...
d) Deswegen möchte ich mich im Folgenden mit der Frage auseinandersetzen, ...
e) Aus diesem Grund soll im Folgenden diskutiert werden, ...

AB 23 Sprachbausteine zur Abgrenzung der Pro- und Kontra-Argumente im Hauptteil einer Erörterung   S. 42

a) Es gibt jedoch auch Argumente, die sich für/gegen die Einführung von Schuluniformen anführen lassen.
b) Auf der anderen Seite gibt es jedoch auch Argumente, die für/gegen die Einführung von Schuluniformen vorgebracht werden können.
c) Andererseits gibt es jedoch auch Argumente, die für/gegen die Einführung von Schuluniformen sprechen.
d) Doch man kann die Einführung von Schuluniformen nicht nur positiv/negativ betrachten. Es gibt auch Argumente, die dafür/dagegen sprechen.
e) Es gibt jedoch auch Argumente, die für/gegen die Einführung von Schuluniformen angeführt werden können.

AB 24 Sprachbausteine für die Formulierung des Schlussteils einer Erörterung   S. 43

a) Wägt man abschließend die Argumente gegeneinander ab, so wird deutlich, dass ...
b) Stellt man abschließend die Argumente gegenüber, so muss man zu der Auffassung gelangen, dass ...
c) Betrachtet man abschließend die Argumente, so kommt man zu der Schlussfolgerung, dass ...
d) Führt man sich abschließend die Argumente vor Augen, so sieht man eindeutig, dass ...
e) Lässt man abschließend die Argumente Revue passieren, so gelangt man zu der Schlussfolgerung, dass ...
f) Bei der Abwägung der Argumente kommt man also zu der Schlussfolgerung, dass ...

Lösungen – Baustein I / Für sich werben

AB 25 Sprachbausteine für den Einleitungsteil eines Bewerbungsschreibens   S. 44

a) Sehr geehrter Herr Wagner,
am 29.09.09 habe ich **Ihre** Anzeige im Igstädter Blatt gelesen, dass **Ihre** Behörde für das kommende Jahr **einen** Ausbildungsplatz für **den** Beruf **des** Landschaftsgärtners zu vergeben hat. Hiermit möchte ich **mich** für **diesen** Ausbildungsplatz bewerben.

b) Sehr geehrter Herr Wagner,
auf der Homepage **Ihrer** Behörde habe ich gesehen, dass **Ihre** Behörde für das kommende Jahr **einen** Ausbildungsplatz für **den** Beruf **des** Landschaftsgärtners anbietet. Dafür möchte ich **mich** hiermit bewerben.

c) Sehr geehrter Herr Wagner,
von **einem** Freund habe ich erfahren, dass **Ihre** Behörde für das kommende Jahr **einen** Ausbildungsplatz für **den** Beruf **des** Landschaftsgärtners anbietet. Hiermit möchte ich **mich** für **diese** Ausbildung bei **Ihnen** bewerben.

d) Sehr geehrter Herr Wagner,
in **unserem** gestrigen Telefongespräch haben Sie **mir** mitgeteilt, dass **Ihre** Behörde für das kommende Jahr wieder **einen** Ausbildungsplatz für **die** Ausbildung als Landschafts-gärtner zur Verfügung stellt. Von daher möchte ich **mich**, wie bereits angedeutet, für **diese** Ausbildung bei **Ihnen** bewerben.

AB 26 Sprachbausteine für die Begründung des Berufswunsches   S. 45

Warum ich Landschaftsgärtner/-in werden möchte:

Da ich mich von klein auf schon immer für die Natur interessiert habe und meinen Eltern gerne im Garten helfe, möchte ich mich gerade für diesen Ausbildungsberuf bewerben.

Birgit Lascho: Training Abschlussprüfung Deutsch
© Persen Verlag

Denn ich arbeite gerne im Freien. Schlechtes Wetter macht mir nichts aus. Zudem habe ich Freude daran, gestalterisch tätig zu sein, weil ich dabei meine Kreativität entfalten kann. Außerdem arbeite ich gerne mit anderen im Team und berate gerne andere Leute. **Deshalb/ Daher/Aus diesem Grund/Deswegen** möchte ich gerade diesen Beruf erlernen. Des Weiteren habe ich bereits mein Schulpraktikum bei einer Landschafts- und Gartenbaufirma gemacht, **weshalb** ich schon einen guten Einblick in die Arbeit eines Landschaftsgärtners bekommen habe. **Deshalb/ Daher/Aus diesem Grund/Deswegen** weiß ich auch von meinen damaligen Kollegen, dass man alle Baum- und Pflanzennamen wissen und somit lernen muss. Für Biologie habe ich jedoch schon immer gerne gelernt. **Deshalb/Daher/Aus diesem Grund/Deswegen** denke ich, dass mir das Lernen leicht fallen wird und ich auch in der Theorie erfolgreich sein werde. **Deshalb/Daher/Aus diesem Grund/Deswegen** denke ich, dass der Beruf zu mir passt.

a) Hiermit möchte ich Wohngeld beantragen.
b) Hiermit möchte ich einen Antrag zur Gewährung von Urlaub stellen.
c) Hiermit bestätige ich, dass Emre Demirel einen Pass beantragt hat.
d) Hiermit bestätige ich den Eingang Ihres Antrages auf Fahrtkostenerstattung.
e) Hiermit erteile ich Ihnen die Erlaubnis, einen Kiosk zu eröffnen.
f) Hiermit gebe ich Ihrem Antrag auf Kindergeld statt.
g) Hiermit weise ich Ihren Antrag auf Steuerermäßigung zurück.
h) Hiermit hebe ich Ihren Bescheid wegen Falschparkens auf.

Sehr geehrter Herr Blaufuß,

wir können Ihren Ärger gut verstehen und bitten Sie nochmals, die fehlerhafte Lieferung zu entschuldigen. Selbstverständlich schicken wir das Paket an Sie mit den zwei Hosen noch heute heraus, damit Sie sie schnell bekommen. Unsere Mitarbeiterin hat ihr Bestes gegeben und sie für Sie schon verpackt, so dass Sie hoffentlich nicht mehr lange warten müssen, bis sie kommen und Ihre bestellte Ware damit bei Ihnen eintrifft. Daher hoffe ich, Sie auch weiterhin zum Kreis unserer Kunden zählen zu dürfen. Unsere Mitarbeiterin möchte sich auch noch einmal für ihr Missgeschick entschuldigen, das ihr unterlaufen ist, und sie hofft, dass ihr beim nächsten Mal kein Fehler beim Abpacken unterläuft und Sie sofort die richtige von Ihnen bestellte Ware erhalten.

Mit freundlichen Grüßen
Ulrich Wagner

AB 29 Sprachbausteine für den Einleitungsteil einer Schaubildanalyse S. 48

a) Das vorliegende Säulendiagramm zeigt ...
b) In dem vorliegenden Säulendiagramm ist ... dargestellt.
c) Das vorliegende Säulendiagramm gibt Auskunft über ...
d) Dem vorliegenden Säulendiagramm kann man ... entnehmen.
e) Aus dem vorliegenden Säulendiagramm lässt sich ... ablesen.
f) Das vorliegende Säulendiagramm veranschaulicht ...

AB 30 Sprachbausteine für die nähere Beschreibung eines Schaubildes S. 49

1. **Man kann dem Diagramm entnehmen, dass** die **Mädchen** der befragten Realschul-klasse durchschnittlich **fünf** Euro **mehr** Taschengeld bekommen als ihre männlichen Altersgenossen. Denn die interviewten **Mädchen** erhalten durchschnittlich 30 Euro Taschengeld, während die **Jungen** durchschnittlich nur **25** Euro im Monat kriegen.

2. **Aus dem Diagramm kann man ablesen, dass** die **Jungen** der interviewten Realschul-klasse durchschnittlich **fünf** Euro **weniger** Taschengeld pro Monat erhalten als die **Mädchen**. So bekommen die **Jungen** nur **25** Euro Taschengeld pro Monat, wohingegen die **Mädchen 30** Euro Taschengeld bekommen.

AB 31 Sprachbausteine zur abschließenden Zusammenfassung bei einer Schaubildanalyse S. 50

1. **Damit wird also deutlich, dass** die Höhe des monatlichen Taschengeldes der befragten Jugendlichen in Bezug auf die Geschlechter **nicht wesentlich voneinander** abweicht. Die Mädchen haben gegenüber den Jungen nur einen **geringen** Vorsprung. Da es sich um Durchschnittswerte handelt, gibt es sicher auch einzelne Jungen in der Klasse, deren monatliches Taschengeld **höher** sein dürfte als das einiger Mädchen.

2. **Das Diagramm zeigt also, dass** die Höhe des Taschengeldes, was die Geschlechter anbetrifft, **fast gleich** ist. Die Mädchen erhalten nur **geringfügig mehr** Taschengeld als die Jungen. Da es sich jedoch um Durchschnittswerte handelt, wird es auch einzelne Jungen in der Klasse geben, die etwas **mehr** Taschengeld bekommen als einzelne Mädchen.

Birgit Lascho: Training Abschlussprüfung Deutsch
© Persen Verlag

1. **das** Hündchen, **die** Belastbarkeit, **das** Männlein, **die** Überlegung, **der** Wohnzimmertisch, **der** Klavierhocker, **das** Fernsehgerät, **die** Telefonanlage, **die** Briefzustellung, **das** Abstellkämmerchen, **die** Fußballmannschaft, **der** Akkuschrauber

    12 Punkte

2. a) Die Augen **des kleinen** (klein) Mädchens leuchten.
   b) Sie schickt **der einsamen** (einsam) Frau eine Karte.
   c) Er läuft **dem verdächtigen** (verdächtig) Mann hinterher.
   d) Die Hände **des wütenden** (wütend) Jungen ballen sich zu Fäusten.
   e) Sie liest **die umfangreiche** (umfangreich) Bedienungsanleitung.
   f) Er fragt nach **der neuen** (neu) Sekretärin.
   g) **Das ängstliche** (ängstlich) Kätzchen flieht unter den Schrank.
   h) Er findet **die mollige** (mollige) Sekretärin attraktiv.

    8 Punkte

3. a) **Meine kleine** (mein/klein) Schwester zieht nach Berlin.
   b) Der Reißverschluss **deiner blauen** (dein/blau) Jacke ist kaputt.
   c) Ich überreiche **seiner erfreuten** (sein/erfreut) Mutter das Geschenk.
   d) Ich benutze **dein altes** (dein/alt) Handy.
   e) Er findet **ihre goldene** (ihr/golden) Kette am Boden.
   f) **Unser neuer** (unser/neu) Sonnenschirm ist schon kaputt.
   g) Die Augen **deiner jüngeren** (dein/jünger) Tochter sind braun.
   h) Ich habe **seiner neugierigen** (sein/neugierig) Tante eine Lügenschichte aufgetischt.

    8 Punkte

4. a) Mit **dieser vorlauten** (vorlaut) Frau spreche ich nicht.
   b) Die Wünsche **dieses einsamen** (einsam) Mannes sind oft seltsam.
   c) **Dieses tolle** (toll) Poster habe ich mir letzte Woche gekauft.
   d) Ich habe **diesem kleinen** (klein) Jungen ein Eis gekauft.
   e) Die Haare **dieser alten** (alt) Dame sind getönt.
   f) Die Darbietungen **dieses talentierten** (talentiert) Mädchens versetzten das Publikum in Begeisterung.
   g) Über **diesen unfreundlichen** (unfreundlich) Verkäufer habe ich mich letzte Woche geärgert.
   h) Ich nehme **diesen kurzen** (kurz) Rock.

    8 Punkte

5. ① er/sie/es **isst**   ② er/sie/es **empfiehlt**
   ③ er/sie/es **schläft**   ④ er/sie/es **darf**
   ⑤ er/sie/es **stirbt**   ⑥ er/sie/es **bäckt**
   ⑦ er/sie/es **liest**   ⑧ er/sie/es **ist**
   ⑨ er/sie/es **nimmt**   ⑩ er/sie/es **verdirbt**
   ⑪ er/sie/es **erlischt**   ⑫ er/sie/es **schlägt**

    12 Punkte

6. ① er/sie/es **bat** ② er/sie/es **schlug**

   ③ er/sie/es **brannte** ④ er/sie/es **riss**

   ⑤ er/sie/es **sank** ⑥ er/sie/es **roch**

   ⑦ er/sie/es **warb** ⑧ er/sie/es **floss**

   ⑨ er/sie/es **mochte** ⑩ er/sie/es **belog**

   ⑪ er/sie/es **schrieb** ⑫ er/sie/es **rief**

                                       12 Punkte

7. ① er hat **gepfiffen** ② sie war **gerannt**

   ③ es hatte **gefunden** ④ er hatte **angeboten**

   ⑤ sie hatte **gewonnen** ⑥ es hat **gesprochen**

   ⑦ er ist **gekrochen** ⑧ er hatte **getroffen**

   ⑨ sie hat **geschnitten** ⑩ es hat **geschlossen**

   ⑪ es hat **gebissen** ⑫ sie hat **geschrien**

                                       12 Punkte

8. Wenn sie viel Geld hätten, ...
   a) **besäßen** (besitzen) sie eine Zweitwohnung.
   b) **könnten** (können) sie sich vieles leisten.
   c) **kämen** (kommen) teure Anschaffungen eher infrage.
   d) **gäben** (geben) ihre Kinder das Taschengeld oft für Unsinn aus.
   e) **müssten** (müssen) sie weniger sparen.
   f) **lägen** (liegen) sie öfter faul im Garten.
   g) **wüssten** (wissen) sie manchmal nicht, wohin mit dem vielen Geld.
   h) **führen** (fahren) sie öfter in den Urlaub.

                                       8 Punkte

9. Gegen die geplante Einstellung der Jugendarbeit in Bergdorf wandte der Jugendbetreuer Reinhold Becker ein, dass er diese Idee für wenig sinnvoll **halte** (halten), da die Jugendlichen dann keine Möglichkeit mehr **hätten** (haben), ihre Freizeit freitagnachmittags im Jugendhaus zu verbringen. Denn Freitagnachmittag **gäbe** es kein Nachmittagsangebot des Schulzentrums (geben). Zudem **dürften** die Jugendlichen den Jugendkeller nicht ohne Aufsicht nutzen (dürfen). Folglich **wüssten** die Jugendlichen nicht, was sie treiben sollten (wissen), und **würden** auf der Straße **herumhängen** (herumhängen). Im Extremfall **würden** sie womöglich Unsinn **machen** (machen). Aus diesem Grund **rate** Becker der Gemeindeverwaltung, auf die angedachte Schließung des Jugendzentrums zu verzichten (raten).

                                       8 Punkte

Birgit Lascho: Training Abschlussprüfung Deutsch
© Persen Verlag

AB 32   Umgang mit dem Wörterbuch - Hilfe bei grammatischen Fragen   S. 59

1. a) der Eisenbahnwaggon
    c) die Blumenladentür

    b) das Kinderwagenverdeck
    d) der Fahrradgepäckträger

2. a) gefunden   b) gebeten   c) geschoben

3. a) sie böten   b) sie kämen   c) sie ständen / stünden

Lösungen - Baustein II / Deklinieren

AB 33   Den richtigen Artikel finden - Nomen mit speziellen Endungen   S. 65

die Universität, **die** Meinung, **die** Freundschaft, **die** Kultur, **das** Brötchen,
die Bücherei, **die** Herzlichkeit, **die** Kombination, das Kindlein, **die** Leistung,
die Gesundheit, **die** Nachbarschaft, **die** Müdigkeit, **die** Rezeption, **die** Leitung,
das Mädchen, **die** Nation, **die** Inventur, **die** Schlägerei, **das** Bächlein,
die Menschheit, **die** Mannschaft, **die** Qualität, **die** Feigheit, **die** Bildung

AB 34   Den richtigen Artikel finden - Nomen mit speziellen Endungen   S. 66

a) **das** Band (Schnur) (◁ ▷) **der** Band (Buch)

b) **der** Bauer (Landwirt) (◁ ▷) **das** Bauer (Vogelkäfig)

c) **der** Flur (Korridor) (◁ ▷) **die** Flur (Landschaft)

d) **das** Gehalt (Lohn) (◁ ▷) **der** Gehalt (Wert)

e) **die** Heide (Landschaftsform) (◁ ▷) **der** Heide (Ungläubiger)

f) **der** Kiefer (Gebiss) (◁ ▷) **die** Kiefer (Nadelbaum)

g) **der** Kunde (Käufer) (◁ ▷) **die** Kunde (Nachricht)

h) **die** Leiter (Steighilfe) (◁ ▷) **der** Leiter (Vorsteher)

i) **der** Mangel (Fehler) (◁ ▷) **die** Mangel (Bügelmaschine)

j) **die** Mark (Grenzland) (◁ ▷) **das** Mark (Inneres einer Frucht/der Knochen)

k) **die** Mast (Intensivfütterung) (◁ ▷) **der** Mast (Pfahl)

l) **der** Pony (Frisur) (◁ ▷) **das** Pony (Zwergpferd)

m) **der** Schild (Schutzwaffe) (◁ ▷) **das** Schild (Hinweistafel)

n) **die** See (Meer) (◁ ▷) **der** See (stehendes Binnengewässer)

q) **das** Tor (große Tür) (◁ ▷) **der** Tor (einfältiger/dummer Mensch)

r) **der** Verdienst (Lohn) (◁ ▷) **das** Verdienst (Leistung)

1. a. **der** Flur (Korridor) (◁ ▷) **die** Flur (Landschaft)
   b. **die** Steuer (Abgabe) (◁ ▷) **das** Steuer (Lenkvorrichtung)
   c. **der** Karton (Schachtel aus Pappe)
   d. **der** Mangel (Fehler) (◁ ▷) **die** Mangel (Bügelmaschine)
   e. **das** Eis (gefrorenes Wasser)
   f. **das** Tau (Seil) (◁ ▷) **der** Tau (Niederschlag)
   g. **die** Tube (formbarer Behälter)
   h. **der** Samen (Keim einer Pflanze)
   i. **die** Heide (Landschaftsform) (◁ ▷) **der** Heide (Ungläubiger)
   j. **der** Kunde (Käufer) (◁ ▷) **die** Kunde (Nachricht)

2. a. Er holte **die** Holzleiter aus dem Schuppen, um Äpfel zu pflücken.
   b. Der Ritter hielt **den** Schutzschild in der Hand.
   c. Esra schnitt ihm **den** Pony.
   d. **Die** Astkiefer hatte viele Nadeln.

1. des feinen   die feinen   Die feinen   den feinen   Dem feinen   das feine
   der feinen   den feinen   die feine   des feinen   Der feine   der feinen
   dem feinen   der feinen   die feine   das feine   die feinen

2. (Wer oder was?) **Der feine** Herr, **die feine** Dame und **das feine** Kind spazieren durch den Park. Die Kleidung (wessen?) **des feinen** Herrn, **der feinen** Dame und **des feinen** Kindes sieht teuer aus. (Wem?) **Dem feinen** Herrn, **der feinen** Dame und **dem feinen** Kind begegnet ein schmutziger Hund. Dieser blickt (Wen oder was?) **den feinen** Herrn, **die feine** Dame und **das feine** Kind erschrocken an. (Wer oder was?) **Die feinen** Leute nehmen den Hund erst nicht wahr. Doch dann erblicken die Augen (Wessen?) **der feinen** Leute den Hund. Dieser wirft (Wem?) **den feinen** Leuten einen treuen Blick zu und stupst (Wen oder was?) **die feinen** Leute mit seiner dreckigen Schnauze an. Als (Wer oder was?) **die feinen** Leute entsetzt aufschreien, ergreift das Tier die Flucht. Es wollte nur spielen.

1. a) **Die** schwerhörig**e** Frau dreht das Radio laut.
   b) Die Brille **des** elegant**en** Herrn sieht teuer aus.
   c) **Der** vorherig**e** Zug war leider ausgefallen.
   d) In d**en** grün**en** Zweigen hopst ein Vogel herum.
   e) Er beruhigte d**as** aufgebracht**e** Mädchen, das dort stand.
   f) Die Augen d**er** wütend**en** Katze funkelten.

Birgit Lascho: Training Abschlussprüfung Deutsch
© Persen Verlag

g) Sie brachte d**er** krank**en** Frau Medikamente.

h) Uwe lockte d**en** zittern**den** Kater unter dem Schrank hervor.

i) **Die** zahlreich**en** Zuschauer klatschten.

j) Die Frau schenkte d**em** klein**en** Kind Süßigkeiten.

k) Die Rollläden d**es** schäbig**en** Hauses waren herunter gelassen.

l) Er wechselte d**ie** beschädigt**en** Glühbirnen aus.

m) Die Stimmen d**er** aufgeregt**en** Kinder waren nicht zu überhören.

n) Ich habe d**ie** kaputt**e** Uhr zum Uhrmacher gebracht.

o) Die Lippen d**er** verärgert**en** Frau zogen sich zusammen.

p) **Das** verängstigt**e** Tier floh sofort.

q) **Den** gelb**en** Rock hat sie von Tante Betty bekommen.

r) Er fütterte d**as** hungrig**e** Tier.

s) Diese Hosen passen nur d**en** schlank**en** Frauen.

1. ein neues   eines neuen   eine neue   einem neuen   einen neuen   ein neues
eines neuen   einem neuen   einer neuen   eine neue   Ein neuer   einer neuen

2. (Wer oder was?) **Ein neuer** Tisch, **eine neue** Kommode und **ein neues** Regal stehen in einem Raum. Das Holz (Wessen?) **eines neuen** Tischs, **einer neuen** Kommode und **eines neuen** Regals ist in der Regel stabil. Eine große Belastung macht (Wem?) **einem neuen** Tisch, **einer neuen** Kommode und **einem neuem** Regal normalerweise nichts aus, (Wen oder was?) **einen neuen** Tisch, **eine neue** Kommode und **ein neues** Regal kann man unbedenklich vollräumen.

3. a) Lena hat sich ein**e** schön**e** Brosche gekauft.

   b) Der Benzinverbrauch ein**es** alt**en** Autos ist oft hoch.

   c) Nebenan ist ein**e** hochbetagt**e** Dame eingezogen.

   d) Er hat ein**em** fremd**en** Kind zwei Euro geschenkt.

   e) Dort steht ein**e** hoh**e** Eiche.

   f) Ich habe die Sachen ein**er** bedürftig**en** Frau gegeben.

1. Singular

Fall	maskulinum	femininum	neutrum
Nominativ *Wer oder was?*	**sein toller** Song	**seine tolle** Uhr	**sein tolles** Radio
Genitiv *Wessen?*	**seines tollen** Songs	**seiner tollen** Uhr	**seines tollen** Radios
Dativ *Wem?*	**seinem tollen** Song	**seiner tollen** Uhr	**seinem tollen** Radio
Akkusativ *Wen oder was?*	**seinen tollen** Song	**seine tolle** Uhr	**sein tolles** Radio

2. Plural

Fall	Alle Geschlechter
Nominativ *Wer oder was?*	**seine tollen** Uhren
Genitiv *Wessen?*	**seiner tollen** Uhren
Dativ *Wem?*	**seinen tollen** Uhren
Akkusativ *Wen oder was?*	**seine tollen** Uhren

1. Bilal renoviert sein**e alte** Wohnung nach dem Auszug.
2. Uns**er neues** Auto verbraucht weniger Benzin.
3. Er beruhigte sein**en aufgeregten** Vater.
4. Der Tränenfluss ihr**er traurigen** Tochter war kaum zu stoppen.
5. Sie waren verärgert über den Lärm ihr**es lauten** Hausgenossen.
6. Uwe hat sein**er kranken** Schwester Medikamente besorgt.
7. Jan löste den Haushalt sein**er verstorbenen** Oma auf.
8. Kai hat gestern dein**en älteren** Bruder in der Stadt getroffen.
9. Vielen Dank für eu**re schnelle** Hilfe.
10. Gestern habe ich dein**e kaputte** Lampe repariert.
11. Die Mutter füttert ihr **hungriges** Kind.
12. Sie hat Geld von ihr**er reichen** Tante geschenkt bekommen.

Birgit Lascho: Training Abschlussprüfung Deutsch
© Persen Verlag

AB 41   Demonstrativpronomen, Adjektiv und Nomen   S. 73

1. Singular

Fall	maskulinum	femininum	neutrum
Nominativ *Wer oder was?*	**dieser schöne** Stein	**diese schöne** Tasse	**dieses schöne** Bild
Genitiv *Wessen?*	**dieses schönen** Steines	**dieser schönen** Tasse	**dieses schönen** Bildes
Dativ *Wem?*	**diesem schönen** Stein	**dieser schönen** Tasse	**diesem schönen** Bild
Akkusativ *Wen oder was?*	**diesen schönen** Stein	**diese schöne** Tasse	**dieses schöne** Bild

2. Plural

Fall	Alle Geschlechter
Nominativ *Wer oder was?*	**diese schönen** Bilder
Genitiv *Wessen?*	**dieser schönen** Bilder
Dativ *Wem?*	**diesen schönen** Bildern
Akkusativ *Wen oder was?*	**diese schönen** Bilder

AB 42   Demonstrativpronomen, Adjektiv und Nomen   S. 74

a) Dies**er alte** Herr wohnt in einem Altenheim.

b) Er sieht ständig das Gesicht dies**er neugierigen** Frau hinter der Fensterscheibe.

c) Serkan hat dies**en wunderbaren** Einfall gehabt.

d) Keiner hatte mit dies**em heftigen** Gewitter gerechnet.

e) Lida hat dies**en leckeren** Kuchen gebacken.

f) Das Leben dies**er verunglückten** Frau hängt am seidenen Faden.

g) Wo hast du dies**es spannende** Buch her?

h) Dies**es kaputte** Rührgerät solltest du wegschmeißen.

i) Dies**er bösartigen** Frau hatte das naive Kind nichts entgegenzusetzen.

j) Ich habe diese **nasse** Jacke zum Trocknen aufgehängt.

k) Dies**er teure** Ring gehört der Millionärsfrau von nebenan.

l) Bei dies**er prallen** Sonne kann man sich nicht lange draußen aufhalten.

a) Im Garten hat Nils ein**e** kleine Katze gesehen.
b) Im Supermarkt ist Lukas ein**er** alten Dame begegnet.
c) Ich mache mir Sorgen um Paul, weil man in sein**em** Alter nicht so schnell gesund wird.
d) Der Träger sein**es** Rucksacks war aus blauem Stoff.
e) Er fand sein**en** Stift nicht wieder.
f) Mein**e** Mutter kommt heute Nachmittag.

a ⇨ ä
wachsen ⇨ er wächst, blasen ⇨ er bläst, tragen ⇨ er trägt, schlafen ⇨ er schläft,
vergraben ⇨ er vergräbt, saufen ⇨ er säuft, backen ⇨ er bäckt, schlagen ⇨ er schlägt,
raten ⇨ er rät, fahren ⇨ er fährt, tragen ⇨ er trägt

e ⇨ i
werfen ⇨ er wirft, essen ⇨ er isst, sprechen ⇨ er spricht, treffen ⇨ er trifft,
fressen ⇨ er frisst, verderben ⇨ er verdirbt, brechen ⇨ er bricht, flechten ⇨ er flicht,
vergessen ⇨ er vergisst, werben ⇨ er wirbt, treten ⇨ er tritt

e ⇨ ie
lesen ⇨ er liest, empfehlen ⇨ er empfiehlt, stehlen ⇨ er stiehlt, sehen ⇨ er sieht,
befehlen ⇨ er befiehlt

Sonderfälle
können ⇨ er kann, mögen ⇨ er mag, gebären ⇨ sie gebärt, stoßen ⇨ er stößt,
wissen ⇨ er weiß, wollen ⇨ er will, sein ⇨ er ist

In der Geschichte „Zerstreutheit kann einem Hund nichts anhaben", die 1998 von Hugo Blaufuß verfasst wurde, **geht** *(gehen)* es um einen hochbetagten Professor namens Kuckuck, der
von seinem Hund seine Geldbörse und seinen Hut wiedergebracht bekommt, nachdem er
diese Sachen samt Hund beim Friseur vergessen **hat** *(haben)*.
Professor Kuckuck **verlässt (verlassen)** an einem Dienstagmorgen wie gewöhnlich mit seinem Hund sein Haus, **läuft** *(laufen)* zur Bushaltestelle und **fährt** *(fahren)* von dort aus mit
dem Bus in die Stadt. Dort **will** *(wollen)* der Wissenschaftler zum Friseur gehen. Als der Bus
am Marktplatz **hält** *(halten)*, **steigt** *(steigen)* der Professor aus. Dabei **stößt** *(stoßen)* er sich
mit dem Arm an der Bustür, welcher schnell **anschwillt** *(anschwellen)*. Doch dieser kleine
Unfall **verdirbt** *(verderben)* unserem Wissenschaftler nicht die Stimmung, frohgelaunt **betritt**
(betreten) er den Friseursalon samt Hund.

Birgit Lascho: Training Abschlussprüfung Deutsch
© Persen Verlag

AB 44 Das Präsens unregelmäßiger Verben   S. 77

Der Friseur **spricht (sprechen)** den Herrn Professor freundlich an und **empfiehlt** *(empfehlen)* ihm einen Kurzhaarschnitt. Das Haar **ist** *(sein)* schnell gekürzt und der Professor **gibt** *(geben)* dem Friseur das Geld für die Dienstleistung. Danach **geschieht** *(geschehen)* es, dass dem Professor die Geldbörse herunter**fällt** *(fallen)*, ohne dass er es **merkt** *(merken)*. Außerdem **vergisst** *(vergessen)* er seinen Hut und Hund in dem Laden. Mit schnellen Schritten **eilt** *(eilen)* der alte Mann zum Bus und **fällt** *(fallen)* erschöpft auf den Sitz. Plötzlich **kündigen** *(kündigen)* zwei uniformierte Herren eine Fahrkartenkontrolle an. Erschrocken **greift** *(greifen)* der Professor in seine Manteltasche. Das Herz **schlägt** *(schlagen)* ihm bis zum Hals. Er **sieht** *(sehen)* nicht, dass neben ihm sein Hund mit einem schwarzen Hut auf dem Kopf und einer Geldbörse im Maul **steht** *(stehen)*. Das Tier **stößt** *(stoßen)* sein Herrchen ans Bein. Völlig verdutzt **nimmt** *(nehmen)* der Professor seine Geldbörse und **kommt** *(kommen)* der Aufforderung der Kontrolleure nach. Wie gut, dass er seinen Hund mitgenommen **hat** *(haben)*.

AB 45 Das Präsens unregelmäßiger Verben   S. 78

Die 2008 von Peter Meier verfasste Kurzgeschichte „Das Missverständnis" handelt von einem Mädchen, das seine Mutter missversteht, ihr die falschen Birnen kauft und deshalb von ihr ausgeschimpft wird. Denn statt Glühbirnen besorgt es Früchte.

Lara erhaltet von ihrer Mutter den Auftrag, Birnen zu kaufen, weil die Wohnzimmerlampe nicht funktioniert.
erhält

Doch Lara missversteht das Anliegen ihrer Mutter. Das Mädchen fahrt in die Stadt, betretet das Kaufhaus und sucht die Obstabteilung auf.
fährt, betritt

Dort verlangt Lara Birnen. Die Verkäuferin empfehlt ihr, ganz grüne Früchte zu nehmen, da diese länger haltbar seien. Stolz nemmt Lara die Ware und tragt sie nach Hause.
empfiehlt
nimmt
trägt

Als Lara ihrer Mutter die Tüte mit den Früchten gebt, schlagt die Mutter die Hände über dem Kopf zusammen und schimpft Lara aus.
gibt, schlägt

Lara lauft wütend in ihr Zimmer, denn die Mutter hatte ihr nur gesagt, sie solle Birnen holen.
läuft

Als Lara verschwunden ist, esst Laras Mutter eine Birne.
isst

AB 46 Das Präteritum unregelmäßiger Verben   S. 79

hielt / trieb / stieß / klang / mied / brannte / warf / schwamm / log / briet / litt / griff / starb / fror / schnitt / sprang / schoss / sah / brach / strich / kam / zwang / ließ / maß / hing / schob / nahm / blies / sank / schwieg

AB 46 Das Präteritum unregelmäßiger Verben S. 79

Infinitiv	Präteritum		Infinitiv	Präteritum		Infinitiv	Präteritum
streichen	⇨ er strich		braten	⇨ sie briet		sterben	⇨ es starb
sinken	⇨ sie sank		lügen	⇨ es log		schneiden	⇨ er schnitt
stoßen	⇨ es stieß		treiben	⇨ er trieb		nehmen	⇨ sie nahm
leiden	⇨ er litt		frieren	⇨ sie fror		schwimmen	⇨ es schwamm
klingen	⇨ sie klang		springen	⇨ es sprang		messen	⇨ er maß
schweigen	⇨ es schwieg		brechen	⇨ er brach		kommen	⇨ sie kam
greifen	⇨ er griff		halten	⇨ sie hielt		hängen	⇨ es hing
lassen	⇨ sie ließ		zwingen	⇨ es zwang		meiden	⇨ er mied
schießen	⇨ es schoss		schieben	⇨ er schob		werfen	⇨ sie warf
blasen	⇨ er blies		sehen	⇨ sie sah		brennen	⇨ es brannte

AB 47 Das Präteritum unregelmäßiger Verben S. 80

1. A f f e **stach** l l **sah** e e **wog** i **stank** e i **band** l i **fraß** i l a **schmiss** o
brachte t u l i **stritt** o w o **verdarb** a l i

B i n i l a **barg** o **vergaß** i s i l l i **stand** a r d i a ß e l i l a **g** i p i t **rat** a
kroch o l i **sang** u n i **genoss** i l i g a **rannte** l l i

L a m a n i l **ud** e i **trank** e l l o **fing** u n i **schlich** a s i **wusch** o l o
biss a n i **schlug** e p p i **bog** a l l o g a **b** i p p i **hieß** o

K l o **pfiff** o **saß** i e b a **wuchs** o n o **war** d e l a **riss** e l l i **stahl** i
floss i n i **wusste** a l l p o n o l i **eh** a n **bot** o

B a **fuhr** e l o **stieg** e i e **schrak** e l l i **durfte** i n i **sandte** a l l e g r o
verlor a n d i **rief** a n a **dachte** l l i **gebar** u n o **hatte** l i

2.
binden	⇨ er band		stechen	⇨ er stach		singen	⇨ er sang
bergen	⇨ er barg		biegen	⇨ er bog		schlagen	⇨ er schlug
stinken	⇨ er stank		haben	⇨ er hatte		rufen	⇨ er rief
schmeißen	⇨ er schmiss		sein	⇨ er war		bringen	⇨ er brachte
streiten	⇨ er stritt		laden	⇨ er lud		schleichen	⇨ er schlich
verderben	⇨ er verdarb		waschen	⇨ er wusch		kriechen	⇨ er kroch
fressen	⇨ er fraß		geben	⇨ er gab		gebären	⇨ er gebar

Birgit Lascho: Training Abschlussprüfung Deutsch
© Persen Verlag

AB 47 Das Präteritum unregelmäßiger Verben   S. 80

erschrecken ⇨ er erschrak
sitzen ⇨ er saß
wachsen ⇨ er wuchs
dürfen ⇨ er durfte
stehen ⇨ er stand
leihen ⇨ er lieh
trinken ⇨ er trank
genießen ⇨ er genoss
steigen ⇨ er stieg
fließen ⇨ er floss

treten ⇨ er trat
reißen ⇨ er riss
pfeifen ⇨ er pfiff
senden ⇨ er sandte
fangen ⇨ er fing
stehlen ⇨ er stahl
wiegen ⇨ er wog
denken ⇨ er dachte
sehen ⇨ er sah
rennen ⇨ er rannte

beißen ⇨ er biss
bieten ⇨ er bot
liegen ⇨ er lag
heißen ⇨ er hieß
essen ⇨ er aß
wissen ⇨ er wusste
verlieren ⇨ er verlor
fahren ⇨ er fuhr
vergessen ⇨ er vergaß

AB 48 Das Präteritum unregelmäßiger Verben   S. 81

A	B	A	L	U	D	U	L	K	M	U	S	S	T	E	A	B	B
R	O	C	H	W	R	Z	I	P	A	P	A	S	T	O	R	Z	A
K	P	A	R	T	S	A	E	Z	F	W	G	R	I	F	F	S	T
S	B	R	I	T	T	O	F	O	L	L	N	Z	R	O	W	C	A
C	L	I	N	K	M	N	R	Z	O	G	L	B	E	F	A	H	L
H	A	E	O	G	O	S	S	I	H	I	G	E	L	L	U	O	A
R	R	T	G	A	G	C	K	F	P	N	T	G	R	O	Z	S	S
I	Z	L	O	S	C	H	W	I	E	G	E	A	I	G	R	S	I
E	T	B	K	K	E	I	L	E	A	U	A	N	P	Z	L	A	H
B	L	I	E	B	O	E	I	L	I	K	O	N	N	T	E	L	A
Z	A	N	N	L	A	N	B	E	B	B	U	L	L	I	E	H	L
G	E	W	A	N	N	Z	F	A	N	D	Z	T	R	A	F	O	F

schreiben ⇨ er schrieb
finden ⇨ er fand
riechen ⇨ er roch
reiten ⇨ er ritt
raten ⇨ er riet
bleiben ⇨ er blieb
laufen ⇨ er lief
gießen ⇨ er goss
scheinen ⇨ er schien

können ⇨ er konnte
schweigen ⇨ er schwieg
fliehen ⇨ er floh
laden ⇨ er lud
ziehen ⇨ er zog
bitten ⇨ er bat
fallen ⇨ er fiel
gewinnen ⇨ er gewann
greifen ⇨ er griff

befehlen ⇨ er befahl
beginnen ⇨ er begann
treffen ⇨ er traf
müssen ⇨ er musste
fliegen ⇨ er flog
lesen ⇨ er las
schießen ⇨ er schoss
helfen ⇨ er half
gehen ⇨ er ging

Birgit Lascho: Training Abschlussprüfung Deutsch
© Persen Verlag

AB 49 Das Präteritum unregelmäßiger Verben | S. 82

a) Der Professor **las** *(lesen)* ein Buch. Danach **ließ** *(lassen)* er seinen Hund in den Garten.

b) Julia **kannte** *(kennen)* das Zimmer nicht und **konnte** *(können)* deshalb den Lichtschalter nicht finden.

c) Anna **ritt** *(reiten)* am liebsten die weiße Stute und **riet** *(raten)* ihrer Freundin, auch auf das Pferd aufzusteigen.

d) Der Mann **wob** *(weben)* etliche Tücher und **warb** *(werben)* mit deren Anfertigung in Form von Handarbeit.

e) Die Frau **wusste** *(wissen)* von nichts und **wies** *(weisen)* jede Schuld von sich.

f) Der Vater **bat** *(bitten)* seinen Sohn, Brötchen mitzubringen, und **bot** *(bieten)* an, ihm das Geld dafür im Voraus zu geben.

g) Jan **lag** *(liegen)* im Garten und **log** *(lügen)* seine Mutter an, dass er den Rasen schon gemäht habe.

h) Während sie die Schlussstrophe **sang** *(singen)*, **sank** *(sinken)* die Sängerin zu Boden.

AB 50 Das Präteritum unregelmäßiger Verben | S. 83

Kuh legt Verkehr lahm
Kuh blockierte für zwei Stunden den Verkehr auf der B 846

Großenhain – Gestern von 16.00 bis 18.00 Uhr **stand** *(stehen)* auf der Bundesstraße 846 in Höhe der Ortschaft Großenhain-Anzefahr eine Kuh mitten auf der Straße und **zwang** *(zwingen)* die aus beiden Richtungen kommenden Autos zum Halten. Das Tier **ließ** *(lassen)* sich durch das Hupen der Autofahrer nicht stören. Unbeeindruckt **sah** *(sehen)* es seinen menschlichen Kontrahenten in die Augen und **schlug** *(schlagen)* mit dem Schwanz um sich. So **blieb** *(bleiben)* den verärgerten Autofahrern nichts anderes übrig, als die Polizei zu rufen. Diese **kam** *(kommen)* schnell herbeigefahren, doch die Kuh **ging** *(gehen)* beim Anblick der Beamten keineswegs von der Straße. Vielmehr **hielt** *(halten)* sie ihre Stellung und **warf** *(werfen)* ihnen einen bösen Blick zu. Die herbeigerufenen Retter **wussten** *(wissen)* zunächst nicht, was sie tun **mussten** *(müssen)*, um das Rind von der Straße zu bekommen. Doch dann **dachten** *(denken)* die Beamten nach. Einem von ihnen **kam** *(kommen)* der Einfall, das Tier mit Heu von der Straße zu locken. Per Funk **befahl** *(befehlen)* er Heu herbeizuholen. Als dieses **eintraf** *(eintreffen)*, **griff** *(greifen)* die Kuh rasch mit der Schnauze nach dem Futter und **rannte** *(rennen)* mit ihrer Beute von der Straße. Nach zwei Stunden **konnte** *(können)* die Straße wieder frei gegeben werden. Wie die Ermittlungen der Polizei **ergaben** *(ergeben)*, **war** *(sein)* das Rindvieh einem Bauern entlaufen, dessen Hof in Großenhain-Anzefahr liegt.

AB 51 Das Präteritum unregelmäßiger Verben | S. 84

Dienstag

Heute Morgen <u>fahrten</u> wir zu einem Kunden. Dieser	**fuhren**
<u>besitzte</u> eine schöne Villa, die von einem großen	**besaß**
Garten umgeben war. Unsere Aufgabe <u>bestehte</u>	**bestand**
darin, einen neuen Plattenweg zu legen, den	_____

Birgit Lascho: Training Abschlussprüfung Deutsch
© Persen Verlag

AB 51   Das Präteritum unregelmäßiger Verben   S. 84

Rasen neu einzusäen, die Büsche zu schneiden
und die Beete neu zu bepflanzen. Während Rolf
damit <u>beginnte</u>, das Fundament für den Plattenweg   **begann**
auszuheben, <u>begebte</u> ich mich mit Toni zu den   **begab**
Büschen. Unter seiner Anleitung <u>schneideten</u>   **schnitten**
wir die vertrockneten Äste ab. Dabei
musste ich die vertrockneten Äste einsammeln
und auf das Auto werfen, damit niemand
über sie stolperte. Dann kam der Kunde, <u>bittete</u>   **bat**
uns ins Haus und <u>bietete</u> uns etwas zu trinken an.   **bot**
Da die Sonne <u>scheinte</u> und es heiß war, nahmen   **schien**
wir dieses Angebot gerne an. Nach der Pause
ging es weiter mit dem Büscheschneiden,
sodass die Zeit am Vormittag schnell <u>verstreichte</u>.   **verstrich**

AB 52   Das Perfekt unregelmäßiger Verben   S. 85

a) g e s c h r i e b e n / g e l a u f e n / g e f r o r e n / g e s t r i c h e n /
g e s t a n d e n / g e w o n n e n / g e s t o h l e n / g e z o g e n /
g e s c h l o s s e n / g e w o g e n / g e s t o r b e n / g e t r o f f e n /
g e f u n d e n / v e r l o r e n / g e s t u n k e n / g e b i s s e n / g e f o c h t e n /
g e s c h m i s s e n / g e z w u n g e n / g e t r a g e n / a n g e b o t e n /
g e g a n g e n / g e w o r f e n / g e b o r e n / z e r r i s s e n / g e d a c h t /
z e r b r o c h e n / g e s c h r i e n / g e w e s e n / g e w a n d t / g e h o l f e n /
g e t r u n k e n / g e n o m m e n / g e g r i f f e n / b e f o h l e n /
g e s p r o c h e n / g e r a n n t / g e s t r i t t e n / g e b e t e n

AB 53   Das Perfekt unregelmäßiger Verben   S. 86

Infinitiv	Perfekt	Infinitiv	Perfekt
sterben	er, sie, es ist gestorben	rennen	er, sie, es ist gerannt
gehen	er, sie, es ist gegangen	laufen	er, sie, es ist gelaufen
sein	er, sie, es ist gewesen	fliehen	er ist geflohen

AB 53   Das Perfekt unregelmäßiger Verben · S. 86

Infinitiv	Perfekt	Infinitiv	Perfekt
frieren	er, sie, es hat gefroren	gebären	sie hat geboren
schließen	er, sie, es ist geschlossen	anbieten	er, sie, es hat angeboten
schreiben	er, sie, es hat geschrieben	zerbrechen	er, sie, es hat zerbrochen
gewinnen	er, sie, es hat gewonnen	befehlen	er, sie, es hat befohlen
streichen	er, sie, es hat gestrichen	werfen	er, sie, es hat geworfen
stehen	er, sie, es hat gestanden	nehmen	er, sie, es hat genommen
stinken	er, sie, es hat gestunken	tragen	er, sie, es hat getragen
schmeißen	er, sie, es hat geschmissen	schreien	er, sie, es hat geschrien
beißen	er, sie, es hat gebissen	sich wenden an	er/sie/es hat sich an ... gewandt
stehlen	er, sie, es hat gestohlen	bitten	er, sie, es hat gebeten
finden	er, sie, es hat gefunden	sich streiten	er, sie, es hat sich gestritten
ziehen	er, sie, es hat gezogen	trinken	er, sie, es hat getrunken
zwingen	er, sie, es hat gezwungen	zerreißen	er, sie, es hat zerrissen
wiegen	er, sie, es hat gewogen	greifen	er, sie, es hat gegriffen
treffen	er, sie, es hat getroffen	helfen	er, sie, es hat geholfen
verlieren	er, sie, es hat verloren	sprechen	er, sie, es hat gesprochen
fechten	er, sie, es hat gefochten		

AB 54   Das Plusquamperfekt unregelmäßiger Verben · S. 87

a) geschnitten ~~aa~~ geritten ~~ele~~ geschossen ~~bana~~ genannt
~~uhu~~ eingeschritten ~~obo~~ gekrochen ~~mepa~~ geschworen ~~a~~
~~hu~~ geflossen ~~isi~~ gerochen ~~uh~~ empfohlen ~~uena~~
aufgehängt ~~ele~~ geschieden ~~pip~~ gesungen ~~lil~~ geschienen
~~st~~ gelitten ~~mini~~ genossen ~~uno~~ gemocht ~~bal~~ gelungen ~~rar~~
~~a~~ gekannt ~~poll~~ abgebogen ~~oi~~ gekonnt ~~otto~~ geschlichen
~~ana~~ gebracht ~~uni~~ geflogen ~~aso~~ gesessen ~~ni~~ gesunken ~~ul~~
~~i~~ geblieben ~~pep~~ geborgen ~~nill~~ geliehen ~~kaka~~ geschwiegen
~~upu~~ begonnen ~~jili~~ gelegen ~~eo~~ gesprungen ~~ini~~ gekommen

Birgit Lascho: Training Abschlussprüfung Deutsch
© Persen Verlag

AB 55 Das Plusquamperfekt unregelmäßiger Verben   S. 88

Infinitiv	Plusquamperfekt	Infinitiv	Plusquamperfekt
fliegen	er, sie, es war geflogen	empfehlen	er, sie, es hatte empfohlen
fließen	er, sie, es war geflossen	schießen	er, sie, es hatte geschossen
kriechen	er, sie, es war gekrochen	schwören	er, sie, es hatte geschworen
einschreiten	er, sie, es war eingeschritten	leiden	er, sie, es hatte gelitten
reiten	er, sie, es war geritten	mögen	er, sie, es hatte gemocht
schleichen	er, sie, es war geschlichen	riechen	er, sie, es hatte gerochen
bleiben	er, sie, es war geblieben	singen	er, sie, es hatte gesungen
gelingen	er, sie, es war gelungen	können	er, sie, es hatte gekonnt
scheiden	er, sie, es war geschieden	bringen	er, sie, es hatte gebracht
abbiegen	er, sie, es war abgebogen	sitzen	er, sie, es hatte gesessen
sinken	er, sie, es war gesunken	kennen	er, sie, es hatte gekannt
kommen	er, sie, es war gekommen	bergen	er, sie, es hatte geborgen
springen	er/sie/es war gesprungen	leihen	er, sie, es hatte geliehen
nennen	er, sie, es hat genannt	schweigen	er, sie, es hatte geschwiegen
aufhängen	er, sie, es hatte aufgehängt	liegen	er, sie, es hatte gelegen
schneiden	er, sie, es hatte geschnitten	genießen	er, sie, es hatte genossen
scheinen	sie hatte geschienen	beginnen	er, sie, es hatte begonnen

AB 56 Das Perfekt und Plusquamperfekt unregelmäßiger Verben   S. 89

a) Onkel Jusuf **ist** gestern bis 17.00 Uhr bei uns **geblieben** (bleiben/PE).

b) Nachdem der Einbrecher einen Schraubenzieher nach dem Hund **geworfen hatte** (werfen/PL), hat der Hund den Einbrecher ins Bein **gebissen** (beißen/PE).

c) Nachdem der Vogel wieder in den Käfig **geflogen war** (fliegen/PL), hat Esra die Käfigtür schnell **geschlossen** (schließen/PE).

d) Er hatte sich **umgezogen** (umziehen/PL), bevor er uns auf der Baustelle **geholfen hat** (helfen/PE).

e) Nachdem er das Blatt **zerrissen hatte** (zerreißen/PL), hat er uns einen neuen Vertrag **angeboten** (anbieten/PE).

f) Selma hat einen Jungen **geboren** (gebären/PE).

g) Nachdem die Jungen die ersten Spiele **verloren hatten** (verlieren/PL), haben sie das letzte **gewonnen** (gewinnen/PE).

h) Der Gartenzwerg hatte vor der Ladentür **gestanden** (stehen/PL), bevor ein Dieb ihn **gestohlen hat** (stehlen/PE).

i) Bevor sie sich mit ihm **gestritten hat** (streiten/PE), hatte sie ihn sehr **gemocht** (mögen/PL).

AB 57 Das Perfekt und Plusquamperfekt unregelmäßiger Verben   S. 90

Gestern habe ich meinen Freund Hassan zum Bahnhof
<u>gebringt</u>. Wir sind mit dem Auto <u>hingefahrt</u> und da   **gebracht, hingefahren**
Hassan schweres Gepäck gehabt hat, habe ich direkt
vor dem Bahnhof geparkt. Mit seinen beiden schweren
Koffern haben wir gleich das Bahnhofsgebäude
<u>betretet</u>. Vorher hatte ich noch schnell ein Parkticket   **betreten**
<u>gezieht</u> und ins Auto gelegt, um keinen Strafzettel   **gezogen**
zu erhalten. Im Bahnhofsgebäude haben wir zuerst
eine Fahrkarte <u>erwerbt</u>. Nachdem sich Hassan   **erworben**
noch eine Cola gekauft hatte und diese <u>getrinkt</u> hatte,   **getrunken**
sind wir auf den Bahnsteig gegangen und haben uns
auf eine Bank gesetzt. Ich habe Hassan <u>angebietet</u>,   **angeboten**
dass er mich bald wieder besuchen kann. Außerdem
haben wir uns über Fußball <u>unterhaltet</u>. Die Zeit ist   **unterhalten**
schnell <u>vergangt</u> und plötzlich habe ich bemerkt, dass   **vergangen**
sein Zug schon vor 20 Minuten <u>gefahrt</u> war. Vor lauter   **gefahren**
Reden hatten wir die Abfahrt verpasst. „Wie ärgerlich",
habe ich <u>gedenkt</u>. „Was machen wir jetzt?". Hassan hat   **gedacht**
wütend mit dem Fuß <u>aufgetretet</u>. Doch zum Glück fuhr   **aufgetreten**
eine Stunde später ein Zug, den Hassan dann <u>genehmt</u> hat.   **genommen**

Lernzielkontrolle: Fit für die Abschlussprüfung beim Konjugieren?   S. 91

1. a) Der Maler <u>holt</u> die weiße Farbe aus der Werkstatt.
    b) Die anderen Farben <u>werden</u> erst morgen geliefert.

2. Die Zeitform des Satzes „Sie verpasste den Bus" ist ...
    ☐ Präsens   ☒ Präteritum   ☐ Perfekt   ☐ Plusquamperfekt

3. Die Zeitform des Satzes „Sie war vorher nach Hause gerannt" ist ...
    ☐ Präsens   ☐ Präteritum   ☐ Perfekt   ☒ Plusquamperfekt

4. Präteritum   er lief
    Perfekt   er ist gelaufen

5. Präteritum   er sprach
    Plusquamperfekt   er hatte gesprochen

Birgit Lascho: Training Abschlussprüfung Deutsch
© Persen Verlag

AB 58 Der Konjunktiv II: Regelmäßige und unregelmäßige Verben   S. 92

Infinitiv	Präteritum	regelmäßig	unregelmäßig
lachen	lachte	x	
raten	riet		x
schmecken	schmeckte	x	
rufen	rief		x
liegen	lag		x
weinen	weinte	x	
suchen	suchte	x	
heißen	hieß		x
kriechen	kroch		x
steigen	stieg		x

AB 59 Der Konjunktiv II: Unregelmäßige Verben   S. 93

Infinitiv	Präteritum	Konjunktiv II
sitzen	er **saß**	er **säße**
bieten	er **bot**	er **böte**
sehen	er **sah**	er **sähe**
frieren	er **fror**	er **fröre**
denken	er **dachte**	er **dächte**
helfen	er **half**	er **hälfe**
bitten	er **bat**	er **bäte**
fließen	er **floss**	er **flösse**
singen	er **sang**	er **sänge**
wissen	er **wusste**	er **wüsste**
fliegen	er **flog**	er **flöge**
treffen	er **traf**	er **träfe**

AB 60 Der Konjunktiv II: Unregelmäßige Verben   S. 94

Infinitiv	Konjunktiv II	Infinitiv	Konjunktiv II
schießen	er **schösse**	gewinnen	er **gewänne**
riechen	er **röche**	geben	er **gäbe**
ziehen	er **zöge**	sprechen	er **spräche**
genießen	er **genösse**	schließen	er **schlösse**
nehmen	er **nähme**	essen	er **äße**
verlieren	er **verlöre**	vergessen	er **vergäße**
springen	er **spränge**	stehen	er **stände**
beginnen	er **begänne**	haben	er **hätte**
gelingen	er **gelänge**	liegen	er **läge**
kommen	er **käme**	trinken	er **tränke**
tun	er **täte**	bringen	er **brächte**
wissen	er **wüsste**	misslingen	er **misslänge**

AB 61 Der Konjunktiv II: Unregelmäßige Verben   S. 95

1. Ach, wenn es doch aufhören **könnte** (können) zu regnen!
2. Noch 20 Minuten! Ach, wenn doch gleich der Bus **käme** (kommen), dann **müsste** (müssen) ich nicht so nass werden!
3. Ach, wenn ich doch einen Schirm **hätte** (haben)!
4. Ach, wenn ich jetzt zuhause **wäre** (sein), dann **säße** (sitzen) ich im Wohnzimmer und **tränke** (trinken) einen warmen Tee.
5. Ach, wenn ich den Bus doch um die Ecke kommen **sähe** (sehen), dann **wüsste** (wissen) ich, dass er mich schnell nach Hause **brächte** (bringen).
6. Ach, wenn es doch hier wenigstens ein Bushäuschen zum Unterstellen **gäbe** (geben)!
7. Ach, wenn doch der Bus öfter **führe** (fahren), dann **gelänge** (gelangen) ich schneller ins Trockene!

Birgit Lascho: Training Abschlussprüfung Deutsch
© Persen Verlag

AB 62 Der Konjunktiv II und die Konjunktiv-Ersatzform „würde" + Infinitiv   S. 97

a)

Infinitiv	Präteritum	Konjunktiv II
reißen	er riss	er risse
fangen	er fing	er finge
pfeifen	er pfiff	er pfiffe
hängen	er hing	er hinge
heißen	er hieß	er hieße
laufen	er lief	er liefe
schlafen	er schlief	er schliefe
lassen	er ließe	er ließe

b) blasen: sie beide würden blasen   reiten: wir würden reiten
    beißen: er/sie/es bisse   steigen: ich stiege
    gehen: wir würden gehen   scheinen: er/sie/es schiene

AB 63 Der Konjunktiv II und die Konjunktiv-Ersatzform „würde" + Infinitiv   S. 98

1. lachen: sie beide würden lachen   kommen: sie beide kämen
   bitten: sie beide bäten   gehen: sie beide würden gehen
   raten: sie beide würden raten   lügen: sie beide lögen

2. a) sie sähen
       ☐ Konjunktiv I   ☒ Konjunktiv II   ☐ Ersatzform mit „würde"

   b) er liege
       ☒ Konjunktiv I   ☐ Konjunktiv II   ☐ Ersatzform mit „würde"

   c) sie seien
       ☒ Konjunktiv I   ☐ Konjunktiv II   ☐ Ersatzform mit „würde"

   d) sie würden fragen
       ☐ Konjunktiv I   ☐ Konjunktiv II   ☒ Ersatzform mit „würde"

   e) er gebe
       ☒ Konjunktiv I   ☐ Konjunktiv II   ☐ Ersatzform mit „würde"

   f) er flöge
       ☐ Konjunktiv I   ☒ Konjunktiv II   ☐ Ersatzform mit „würde"

Birgit Lascho: Training Abschlussprüfung Deutsch
© Persen Verlag

AB 64 Der Konjunktiv II und die Konjunktiv-Ersatzform „würde" + Infinitiv S. 99

Wenn mich das Publikum zum Superstar wählen **würde** (wählen), dann **wäre** (sein) ich berühmt und **hätte** (haben) viel Geld. Ich **könnte** (können) mir alles Mögliche leisten und **bräuchte** (brauchen) wahrscheinlich gar nicht mehr zu arbeiten. Dann **unternähme** (unternehmen) ich auf jeden Fall eine Weltreise, auf der ich auch den Nordpol besuchen **würde** (besuchen). Zudem würde ich eine Wüstentour **machen** (machen). Als Superstar **zöge** (ziehen) ich außerdem die Blicke der Mädchen auf mich und **gewänne** (gewinnen) die Herzen vieler Zuschauer. Ich **stände/stünde** (stehen) ständig im Rampenlicht und nahezu jeder in Deutschland würde mich **kennen** (kennen). Darüber hinaus träfe (treffen) ich ständig andere Stars. Ach, wenn ich doch diese Chance **bekäme** (bekommen)!

AB 65 Der Konjunktiv II und die Konjunktiv-Ersatzform „würde" + Infinitiv S. 100

Wenn ich Ferien **hätte** _____ _____ (haben), dann **säße** ich jetzt nicht hier in der Schule _____ _____ (sitzen), sondern **läge** im Garten _____ _____ (liegen) und **genösse** das Leben _____ _____ (genießen). Die Sonne **würde** vom Himmel **strahlen** (strahlen), ein leichter Wind **würde** mir um die Nase **wehen** (wehen) und ich **würde** verschiedene Tierlaute **hören** (hören). Vögel und Insekten **flögen** im Garten herum _____ _____ (fliegen) und nach einer Zeit **sängen** die Vögel fröhliche Melodien von den Bäumen herab _____ _____ (singen), bis der Nachbarskater in den Garten **käme** _____ ____ (kommen) und die piepsenden Tierchen **aufscheuchen würde** (aufscheuchen) und in die Flucht **schlüge** _____ _____ (schlagen). So **könnte** ich den Tag unbeschwert genießen _____ _____ (können) und wenn es wirklich unerwartet zu regnen **begänne** _____ _____ (beginnen), **bestände/bestünde** immer noch die Möglichkeit _____ _____ (bestehen), ins Kino zu gehen. Ach, wenn doch schon Ferien **wären** _____ _____ (sein)!

AB 66 Der Konjunktiv bei der indirekten Rede S. 102

1. a) lachen ⇨ er/sie/es lache
   rufen ⇨ er/sie/es rufe
   legen ⇨ er/sie/es lege

   suchen ⇨ er/sie/es suche
   ziehen ⇨ er/sie/es ziehe
   backen ⇨ er/sie/es backe

   b) finden ⇨ sie fänden
   sprechen ⇨ sie sprächen
   fliegen ⇨ sie flögen

   wissen ⇨ sie wüssten
   kommen ⇨ sie kämen
   trinken ⇨ sie tränken

   c) fragen ⇨ sie würden fragen
   mieten ⇨ sie würden mieten
   wählen ⇨ sie würden wählen

   suchen ⇨ sie würden suchen
   stellen ⇨ sie würden stellen
   verstecken ⇨ sie würden verstecken

2. er liege: Konjunktiv I
   sie hätten: Konjunktiv II
   sie dächten: Konjunktiv II
   sie würden schlafen: Ersatzform mit „würde"

   sie kämen: Konjunktiv II
   sie würden suchen: Ersatzform mit „würde"
   er liege: Konjunktiv I
   sie wögen: Konjunktiv II

Birgit Lascho: Training Abschlussprüfung Deutsch
© Persen Verlag

Der Erziehungswissenschaftler Karl Blumenstein erhob in seinem Vortrag unmissverständlich die Forderung, Schulsozialarbeit **müsse** (müssen) flächendeckend an deutschen Schulen eingeführt werden, denn diese **helfe** (helfen) beträchtlich, die Gewalt an Schulen einzudämmen. Bei 100 von einem Institut untersuchten Schulen, die Schulsozialarbeiter eingestellt **hätten** *(haben)*, **sei** (sein) bei 98 die Anzahl der Gewalttaten zurückgegangen. Viele Schüler und Schülerinnen **nähmen** *(nehmen)* das Angebot an, sich bei persönlichen Problemen an die Sozialarbeiter zu wenden. Es **bedeute** (bedeuten) für die Jugendlichen eine spürbare Erleichterung, wenn sie mit jemandem über ihre Probleme reden **könnten** *(können)*. So würden sich die jungen Menschen als Persönlichkeit ernstgenommen **fühlen** (**fühlen**). Auf diese Weise **sinke** (sinken) die Gefahr, dass die Jugendlichen ihren Frust auf andere Weise auslassen **würden** (**auslassen**). Deshalb **solle** (sollen) die Schulsozialarbeit in Deutschland unbedingt weiter ausgebaut werden.

Der Politiker Harald Frankenstein merkte zum geplanten Ausbau der Albrecht-Dürer-Schule zur Gesamtschule mit Ganztagsbetrieb an, dass dies der einzige Weg **sei** _____ _____ (sein), um im Bildungssystem Chancengleichheit herzustellen. Einen anderen Weg **gebe** _____ _____ (geben) es nicht. Nur so **könnten** soziale Unterschiede des Elternhauses ausgeglichen werden _____ _____ (können). Nur wenn alle Lernenden ihre Hausaufgaben unter Anleitung in der Schule **erledigen würden** (erledigen), **bestehe** die Chance für Kinder aus bildungsfernen Elternhäusern _____ _____ (bestehen), ihre Hausaufgaben mit derselben Unterstützung wie Akademiker-Kinder zu erledigen. Zudem **böten** Ganztagsschulen allen Jugendlichen die Möglichkeit _____ _____ (bieten), ihre Freizeit sinnvoll zu gestalten. Alle Jugendlichen **würden** so die Chance **erhalten** (erhalten), an Sportangeboten teilzunehmen. So **säßen** Jugendliche aus bildungsfernen Familien nicht mehr den ganzen Tag vor dem Fernseher _____ _____ (sitzen) oder **würden** in der Öffentlichkeit **herumlungern** (herumlungern). Deshalb **sprächen** sich Frankenstein und seine Parteikollegen unbedingt für das geplante Vorhaben aus_____ _____ (sprechen), in die Bildung der Jugend **müsse** unbedingt investiert werden _____ _____ (müssen), denn bei der Jugend **liege** die Zukunft Deutschlands _____ _____ (liegen).

1. Jetzt stehe ich schon 20 Minuten hier. Ach, wenn er doch bald **käme**. Wo er nur bleibt?

2. Der Konjunktiv wurde in dem Satz gewählt, weil ...
   ☐ die Sprecherin verärgert ist, dass ihr Freund nicht kommt.
   ☒ die Sprecherin sich wünscht, dass ihr Freund kommt.
   ☐ die Sprecherin sich fragt, wo ihr Freund bleibt.

3. Das lasse Uwe sich nicht gefallen.
   ☐ Indikativ   ☒ Konjunktiv I   ☐ Imperativ

4. Der Modus des Prädikats wurde in dem Satz gewählt, um auszudrücken, dass die Aussage ...

☐ nicht stimmt   ☐ nicht ernst gemeint ist   ☒ eines anderen wiedergegeben wird

5. Professor Uhlig fordert, die Bildung der heutigen Jugend müsse verbessert werden.
Professor Uhlig fordert, dass die Bildung der heutigen Jugend verbessert werden müsse.

Lösungen – Baustein II / Abschlusstest Grammatik

1. **das** Eichhörnchen, **die** Freiheit, **das** Zwerglein, **die** Ahnung, **die** Briefkastenklappe, **der** Nachtwächter, **der** Lösungsschlüssel, **das** Zahnrad, **der** Fahrkartenkontrolleur, **das** Notizbüchlein, **die** Weltmeisterschaft, **der** Führerschein

_____ von 12 Punkten

2. a) Die Fingernägel **der jungen** (jung) Frau sind rot lackiert.
   b) Er zeigt **dem kleinen** (klein) Mann den Weg.
   c) Sie fragt nach **der netten** (nett) Verkäuferin.
   d) Der Körper **des erschrockenen** (erschrocken) Jungen verkrampft sich.
   e) Er findet **das gestohlene** (gestohlen) Auto eine Straße weiter.
   f) Er ruft **den einsamen** (einsam) Herrn an.
   g) **Das scheue** (scheu) Pferd galoppiert davon.
   h) Er verliebt sich in **die neue** (neu) Sekretärin.

_____ von 8 Punkten

3. a) **Mein ehemaliger** (mein/ehemalig) Trainer kommt nachher.
   b) Die Klingel **seines grünen** (sein/grün) Fahrrades funktioniert nicht.
   c) Ich kümmere mich um **dein schreiendes** (dein/schreiend) Kind.
   d) Ich vermisse **meine goldene** (mein/golden) Brosche.
   e) Sie badet **ihren dreckigen** (ihr/dreckig) Hund.
   f) **Unsere jüngere** (unser/jünger) Tochter kann schon laufen.
   g) Der Auspuff **deines roten** (dein/rot) Autos ist defekt.
   h) Ich habe das Paket bei **seiner erstaunten** (sein/erstaunt) Mutter abgegeben.

_____ von 8 Punkten

4. a) Das Auge **dieses verletzten** (verletzt) Jungen sah schrecklich aus.
   b) Mit **dieser unmöglichen** (unmöglich) Frau arbeite ich nicht zusammen.
   c) Sie hat **dieses schöne** (schön) Sofa ausgesucht.
   d) **Diesem armen** (arm) Menschen würde ich gerne helfen.
   e) Das Haus **dieser alten** (alt) Frau ist grau.
   f) Das Wasser **dieses kleinen** (klein) Teichs ist klar.
   g) **Diesen spannenden** (spannend) Krimi mag ich besonders.
   h) Ich habe mir **diese gelbe** (gelb) Bluse gekauft.

_____ von 8 Punkten

Birgit Lascho: Training Abschlussprüfung Deutsch
© Persen Verlag

5. wissen ⇨ er/sie/es **weiß**   essen ⇨ er/sie/es **isst**
   sein ⇨ er/sie/es **ist**   wollen ⇨ er/sie/es **will**
   stehlen ⇨ er/sie/es **stiehlt** raten ⇨ er/sie/es **rät**
   braten ⇨ er/sie/es **brät**   werben ⇨ er/sie/es **wirbt**
   laufen ⇨ er/sie/es **läuft**   können ⇨ er/sie/es **kann**
   helfen ⇨ er/sie/es **hilft**   fechten ⇨ er/sie/es **ficht**   _____ von 12 Punkten

6. bringen ⇨ er/sie/es **brachte**   laden ⇨ er/sie/es **lud**
   rufen ⇨ er/sie/es **rief**   vergessen ⇨ er/sie/es **vergaß**
   fließen ⇨ er/sie/es **floss**   fahren ⇨ er/sie/es **fuhr**
   biegen ⇨ er/sie/es **bog**   schleichen ⇨ er/sie/es **schlich**
   raten ⇨ er/sie/es **riet**   nennen ⇨ er/sie/es **nannte**
   lügen ⇨ er/sie/es **log**   wissen ⇨ er/sie/es **wusste**   _____ von 12 Punkten

7. er ist **gestorben** (sterben)   sie hat **gesungen** (singen)
   es hatte **geheißen** (heißen)   er hatte **geliehen** (leihen)
   sie hatte **gewusst** (wissen)   es hat **gewonnen** (gewinnen)
   er ist **gekrochen** (kriechen)   er war **gegangen** (gehen)
   sie ist **geflogen** (fliegen)   es hat **gebissen** (beißen)
   es hat **gemieden** (meiden)   sie hat **befohlen** (befehlen)   _____ von 12 Punkten

8. Wenn sie Ferien hätten, dann ...
   a) **säßen** (sitzen) Schmidts am Strand.
   b) **läsen** (lesen) Serkan und Emre Zeitschriften.
   c) **führen** (fahren) sie in die Türkei.
   d) **kämen** (kommen) sie zum Aufräumen.
   e) **wüssten** (wissen) die Kinder nichts mit sich anzufangen.
   f) **flögen** (fliegen) sie in den sonnigen Süden.
   g) **genössen** (genießen) sie das Leben.
   h) **begännen** (beginnen) sie eine Gartenhütte zu bauen.   _____ von 8 Punkten

9. Beim gestrigen Treffen der Schulleiter in der Bildungsverwaltung ließ der Erziehungswissenschaftler Walter Schiller verlauten, dass er sich klar für die Einführung eines
   neuen Schulfaches Medienkunde **ausspreche** _____ _____ (aussprechen).
   Denn die Einführung eines solchen Schulfaches **sei** vor dem Hintergrund der Geschehnisse um Internetseiten dringend notwendig _____ _____ (sein), auf denen Jugendliche anonym über andere Menschen lästern **könnten** _____ _____ (können). So
   würden die Jugendlichen oft gar nicht **verstehen** (verstehen), welche seelischen
   Verletzungen sie ihren Opfern durch die Abgabe von beleidigenden Kommentaren
   zufügen würden (zufügen). Deshalb **sehe** er hier dringenden Handlungsbedarf _____
   _____ (sehen). Außerdem **hätten** die Lehrkräfte in den Schulen so ausreichend Zeit
   _____ _____ (haben), den kritischen Umgang mit dem Internet zu thematisieren.
   Denn viele Jugendliche **würden** täglich stundenlang im Internet **surfen** (surfen) und
   wüssten nicht _____ _____ (wissen) mit der Informationsflut aus dem Internet
   umzugehen.

   _____ von 8 Punkten

Primärliteratur:

Borchert, Wolfgang:
Die Küchenuhr. Aus: Wolfgang Borchert, Das Gesamtwerk. Hrsg. von Michael Töteberg unter Mitarbeit von Irmgard Schindler. Copyright © 2007 by Rowohlt Verlag GmbH, Reinbek bei Hamburg. S. 237 – 239.

Borchert, Wolfgang:
Das Brot. Aus: Wolfgang Borchert, Das Gesamtwerk. Hrsg. von Michael Töteberg unter Mitarbeit von Irmgard Schindler. Copyright © 2007 by Rowohlt Verlag GmbH, Reinbek bei Hamburg. S. 320 – 322.

Sekundärliteratur:

Ahrenholz, Bernt:
Erstsprache – Zweitsprache – Fremdsprache. In: Deutsch als Zweitsprache. Hrsg. von Bernt Ahrenholz und Ingelore Oomen-Welke. Baltmannsweiler: Schneider Hohengehren, 2008. S. 3 – 14 (= Deutschunterricht in Theorie und Praxis, 9).

Bartnitzky, Horst:
Sprachunterricht heute: Sprachdidaktik, Unterrichtsbeispiele, Planungsmodelle. Völlig überarbeitete Neuausgabe. Berlin: Cornelsen Scriptor, 2000.

Engin, Havva / Müller-Boehm, Eva / Steinmüller, Ulrich / Terhechte-Mermeroglu, Friederike:
Kinder lernen Deutsch als zweite Sprache: Prinzipien, Sequenzen, Planungsraster. Minimalgrammatik. Berlin: Cornelsen Scriptor, 2004.

Günther, Britta / Günther, Herbert:
Erstsprache und Zweitsprache: Einführung aus pädagogischer Sicht. Weinheim / Basel: Beltz, 2004.

Huneke, Hans-Werner / Steinig, Wolfgang:
Deutsch als Fremdsprache: eine Einführung. 4. aktualisierte und ergänzte Auflage. Berlin: Erich Schmidt, 2005 (= Grundlagen der Germanistik, 34).

Knapp, Werner:
Förderunterricht in der Sekundarstufe. Welche Lese- und Schreibkompetenzen sind nötig und wie kann man sie vermitteln? In: Deutsch als Zweitsprache. Voraussetzungen und Konzepte für die Förderung von Kindern und Jugendlichen mit Migrationshintergrund. Hrsg. von Bernt Ahrenholz. Freiburg, Br.: Fillibach, 2007. S. 251 – 268.

Knapp, Werner:
Didaktische Konzepte Deutsch als Fremdsprache. In: Deutsch als Zweitsprache. Hrsg. von Bernt Ahrenholz und Ingelore Oomen-Welke. Baltmannsweiler: Schneider Hohengehren, 2008. S. 133 – 148 (= Deutschunterricht in Theorie und Praxis, 9).

Kniffka, Gabriele / Siebert-Ott, Gesa:
Deutsch als Zweitsprache: lehren und lernen. 2. durchgesehene Auflage. Paderborn / München / Wien / Zürich: Schöningh UTB, 2009.

Birgit Lascho: Training Abschlussprüfung Deutsch
© Persen Verlag

Kuhs, Katharina:
Lehrwerke und Unterrichtsmaterialien für die schulische Vermittlung und Förderung von Deutsch als Zweitsprache. In: Deutsch als Zweitsprache. Hrsg. von Bernt Ahrenholz und Ingelore Oomen-Welke. Baltmannsweiler: Schneider Hohengehren, 2008. S. 315 – 323 (= Deutschunterricht in Theorie und Praxis, 9).

Lewandowski, Theodor:
Deutsch als Zweit- und Zielsprache: Handbuch zur Sprachförderung. Unter Mitarbeit von Eveline Einhauser. Trier: WVT, 1991.

Ott, Margarete:
Zweitsprachler in der Sekundarstufe. In: Deutsch als Zweitsprache. Hrsg. von Bernt Ahrenholz und Ingelore Oomen-Welke. Baltmannsweiler: Schneider Hohengehren, 2008. S. 189 – 199 (= Deutschunterricht in Theorie und Praxis, 9).

Ott, Margarete:
DaZ als Integrationskonzept? Integrativer Deutschunterricht in Regelklassen? In: Deutsch als Zweitsprache. Hrsg. von Bernt Ahrenholz und Ingelore Oomen-Welke. Baltmannsweiler: Schneider Hohengehren, 2008. S. 200 – 214 (= Deutschunterricht in Theorie und Praxis, 9).

Heidi Rösch:
Sprachförderkurs oder Lernbegleitung? In: Deutsch als Zweitsprache. Hrsg. von Bernt Ahrenholz und Ingelore Oomen-Welke. Baltmannsweiler: Schneider Hohengehren, 2008. S. 315 – 323. (= Deutschunterricht in Theorie und Praxis, 9).

Storch, Günther:
Deutsch als Fremdsprache – Eine Didaktik: Theoretische Grundlagen und praktische Unterrichtsgestaltung. Paderborn: UTB, 1999.

Wicke, Rainer:
Vom Text zum Projekt: kreative Textarbeit und offenes Lernen im Unterricht „Deutsch als Fremdsprache". Berlin: Cornelsen Scriptor, 1997.